基于市场角度的
高管财务决策影响因素研究

陈 琛／著

Study on Influential Factors of
Managerial Financial Decision Based on Market Perspective

中国市场出版社
China Market Press

· 北京 ·

图书在版编目（CIP）数据

基于市场角度的高管财务决策影响因素研究/陈琛著. —北京：中国市场出版社，2017.9

ISBN 978-7-5092-1573-9

Ⅰ. ①基… Ⅱ. ①陈… Ⅲ. ①财务决策-影响因素-研究 Ⅳ. F234.4

中国版本图书馆 CIP 数据核字（2017）第 195604 号

基于市场角度的高管财务决策影响因素研究
JIYU SHICHANG JIAODU DE GAOGUAN CAIWU JUECE
YINGXIANG YINSU YANJIU

著　者	陈　琛	
责任编辑	钱　伟　郭　佳	
出版发行	中国市场出版社 China Market Press	
社　址	北京月坛北小街 2 号院 3 号楼	邮政编码　100837
电　话	编辑部（010）68032104　读者服务部（010）68022950	
	发行部（010）68021338　68020340　68053489	
	68024335　68033577　68033539	
	总编室（010）68020336	
	盗版举报（010）68020336	
邮　箱	474885818@qq.com	
经　销	新华书店	
印　刷	河北鑫兆源印刷有限公司	
规　格	170 mm×240 mm　16 开本	版　次　2017 年 9 月第 1 版
印　张	13	印　次　2017 年 9 月第 1 次印刷
字　数	200 千字	定　价　38.00 元
书　号	ISBN 978-7-5092-1573-9	

目　录

第一章

导 论

第一节　研究动机与问题提出

　　大多数企业的经营管理大权集中于首席执行官（CEO）一人之手，作为"企业中最昂贵的资源"（彼得·德鲁克），CEO自身的知识结构、视野范围、价值观念、思维方式等决定了企业的价值观和运营方式，正如管理学中的经理封顶定理所言：一个企业的成就不会超过其领导人，就像金字塔的高度不会超过其塔尖。这就是说，"一个企业只能在企业家的思维空间之内成长"（彼得·德鲁克），企业领导人自身的视野范围、知识结构、思维方式、价值观念决定了企业的内在价值观和运营方式，决定了企业能否成长以及企业成长的极限。"一个企业的兴衰，70%的责任在于企业家"（松下幸之助），正因为这样，人们总是把克莱斯勒的复兴、通用电气公司的强大归因于企业家李·艾柯卡和杰克·韦尔奇，把联想的成长和海尔的成功归因于企业家柳传志和张瑞敏。

　　高管在制定投资、融资以及其他战略决策时通常会有自己的风格，也会将这些个人风格带入公司。实践中，越来越多的事实证明了CEO以及其他高管对公司决策的重大影响，John Reed（花旗集团前CEO）在一次采访中就直接表示"这个取决于顶层的人"（It's about the guy at the top），即公司 CEO 风格的不同决定了公司经营方式的多样化。美国家用产品公司 CEO William Laporte 在《福布斯》杂志 1968 年 9 月的一次采访中道出了公司不愿意负债的缘由，仅仅是他个人不想欠别人钱（"I just don't like to owe money"）。《商业周刊》在 2001 年 5 月的一篇文章（"The Koszlowski Method"）中专门探讨了时任泰科国际 CEO Dennis Koszlowski 的激进并购风格。在国内，格力电器总裁董明珠带着"再低成本的银行贷款也有成本"的理念，带领公司找到了"零成本"的资金来源——来自上下游企业的应付和预收款项，实现了"借鸡下蛋"的负债经营。宗庆后领导的娃哈哈也实行零贷款政策，并且在营销管理中实行"先款后货"的政策。华为总裁任正非的军人经历也是华为军事化管理文化的一大决定因素……这些政策都是高管个人价值观以及哲学观在企业财务决策中的具体表现。

实践中，由于所有权与经营权的分离，高管的自利行为等经常导致其财务决策行为的短期化，如减少研发（R&D）投入（温军和冯根福，2012）、减少投资（饶育蕾，王颖和王建新，2012），甚至财务舞弊等（袁春生，吴永明和韩洪灵，2008）。实际上，大部分上市公司的舞弊行为都是在公司高管的默许、鼓励甚至参与下对公司财务报告等信息玩的"数字游戏"（Rezaee，2005）。云南绿大地"欺诈门"事件中，公司业绩公告在 2010 年扭亏，实现净利润 1 447.79 万元。然而，在 2011 年 4 月 30 日公布的 2011 年一季报则显示 2011 年前三个月公司累计实现净利润 -1 732.99 万元，同比减少约 212.57%，同时预计 2011 年上半年公司将亏损 900 万~1 400 万元。这种从"包装上市"转化为"欺诈上市"的行为，最终受到了惩罚。2011 年 3 月 17 日，绿大地控股股东、董事长何学葵因涉嫌欺诈发行股票、债券罪被公安机关逮捕，公司于次日公告称何学葵辞去公司董事、董事长职务；2011 年 4 月 7 日，财务总监李鹏被公安机关采取强制措施，并于 4 月 22 日取保候审。像这种企业高管利用职务之便为自己谋利的行为屡见不鲜，被曝光的也只是冰山一角。因此，在代理问题和信息不对称问题尚未得到有效解决以及经理人市场尚未完善的情况下，高管财务决策问题必须引起学术界以及实务界的关注，对其行为影响因素的研究也迫在眉睫。

在学术研究中，学者对高管财务决策影响因素已经展开了较为深入的研究。以行为学理论和人的有限理性为基础，Hambrick and Mason（1984）提出了高阶理论（Upper Echelons Theory），认为组织战略的选择以及绩效的水平反映了组织中有影响力人群——高管——的认知基础和价值观。高管作为企业的经营者和管理者，是整个公司的核心，对公司投资、融资以及股利分配等财务决策起着决定性作用（Barker and Mueller，2002；Bertrand and Schoar，2003；Malmendier and Nagel，2011；Malmendier，Tate and Yan，2012；Chyz，2013）。由于高管的认知基础与价值观根本无法度量，因此，难以验证该理论的真伪。Hambrick and Mason（1984）在对有限理性下的战略决策过程进行分析之后，将可观测的管理者特征（Observable Managerial Characteristics），如年龄、性别、任期、职业路径、受教育情况、社会地位、财务状况等高管背景特征作为替代变量，通过高阶理论的分析，提出了诸如年轻的高管更倾向于追求风险型战略，如非相关多元化、产品创新及过度举债；来自社会地位较低群体的经理人员更倾向于进行收购和非相关多元化等命题。在此基础上，Zahra and Pearce（1989）将高管个人特质分为两类：一是标签背景，即高管的外部特征，包括年龄、性别、教育背景、工作背景和行业经验等；二是内部特征，包括性格、兴趣爱好、价值观、宗教信仰、品质等。进一步指出，内部特征更持久，不容易变化。后续研究主要围绕着高管的两大特质展开，以高阶理论和行为一致性理论（Behavioral Consistency Theory）为基础，探讨了高管外部标签特征，包括年龄（Cazier，2011；Serfling，2012；Beber and Fabbri，2012；Yim，2013）、性别（Shawver，Bancroft and Sennetti，2006；Krishnan and Parsons，2008；Peni and Vähämaa，2010；Srinidhi，Gul and Tsui，2011）、工作经验（Dowdell and Krishnan，2004；Matsunaga and Yeung，2008；Huang，2010；Graham，Harvey and Puri，2013）、教育（Bertrand and

Schoar, 2003；Rose, 2007；Frank and Goyal, 2009；Beber and Fabbri, 2012) 等。同时，不断深入挖掘高管内部特征，例如社会经济背景 (Collins and Moore, 1970；Channon, 1979；Malmen-dier, Tate and Yan, 2011)、政治倾向 (Hutton, Jiang and Kumar, 2013)、个人财务状况 (Cronqvist, Makhija and Yonker, 2012；Chyz, 2013) 以及婚姻状况 (Roussanov and Sacor, 2012) 等因素对高管财务决策的影响。

与此同时，也有学者从公司层面的视角，研究了高管财务决策的影响因素，现有研究主要集中在高管薪酬 (Smith and Stulz, 1985；Clinch, 1991；Baber, Janakiraman and Kang, 1996；Cheng, 2004)、高管任期 (Finkelstein and Hambrick, 1990；Hambrick, Geletkanycz and Fredrickson, 1993；Casson, 1999；Antia, Pantzalis and Park, 2010) 以及高管晋升 (Chan, 1996；Shleifer and Vishny, 1989) 等对高管财务决策的影响。

归纳起来，现有对高管财务决策的研究主要集中在高管个人特质和公司层面因素，鲜有研究涉及市场层面（如资本市场、产品市场以及媒体市场等)，且已有因素对高管财务决策（如研发投入、投资以及盈余管理等）行为的解释也并未得到一个统一的结论。本书主要从资本市场中的分析师跟进、产品市场中的产品市场竞争以及媒体市场中的媒体报道三个角度，探讨其对高管财务决策的影响，试图完成高管财务决策影响因素从个人特质、公司层面因素到市场层面因素的完整框架（见图1-1)。

首先，资本市场是如何影响实体经济的？这是一个值得探讨的问题。一般而言，完善、有效的资本市场能够提高资本配置效率、刺激创新以及投资的增长，与此同时，也会带来一些短期利益主义、机会主义以及寻租行为等，这些都会对高管的财务决策产生影响。因此，资本市场如何影响公司高管的财务决策，如投资、融资、R&D 等，是一个非常重要的问题，不仅因为高管的这些财务决策是经济增长的一大驱动力 (Solow, 1957)，同时也因为资本市场是公司融资的重要来源 (He and Tian, 2013)。

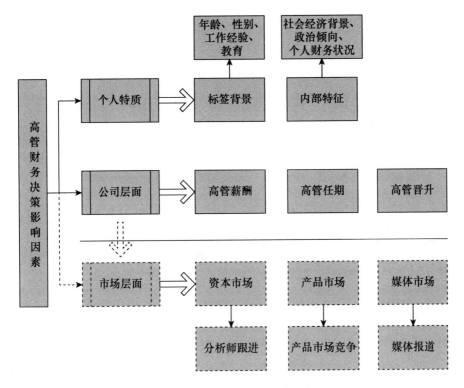

图 1-1 高管财务决策影响因素

作为资本市场的重要参与者，分析师的作用不容忽视（Bushman, Pi-otroski and Smith，2005；Frankel, Kothari and Weber，2006；Bae, Stulz and Tan，2008；Givoly, Hayn and Lehavy，2009）。分析师利用其专业优势，撰写各类研究报告，向投资者提供投资建议等。以往学者比较关注分析师预测的作用和价值，研究的视角基本上沿着高管信息披露到分析师预测这一方向，主要体现在分析师预测的准确性（Brown and Rozeff，1978；Brown, Hagerman, Griffin and Zmijewski，1987；Lin and McNichols，1998；Hong and Kubik，2003），以及分析师预测是否能够给使用者带来经济利益（Davies and Canes，1978；Elton, Gruber and Grossman，1986；Wormack，1996）。实际上，分析师跟进也有可能对高管财务决策产生影响。一方面，分析师跟进会提供市场上尚未出现的消息（Dempsey，1989；Shores，

1990；Ivkovic and Jegadeesh，2004），提供较为准确的盈余预测，可能会对高管产生业绩压力（Fuller and Jensen，2002），造成高管的短视行为（Graham，Harvey and Rajgopal，2005）；另一方面，分析师跟进会识别上市公司财务报告中的内在信息（Kim and Verrecchia，1994；Barron，Byard and Kim，2002），帮助广大投资者解读高管的行为、公司的财务信息（Brav and Lehavy，2003；Asquith，Mikhail and Au，2005），减少信息不对称（Bhattacharya and Ritter，1983），从而对公司前景产生合理的预期。因此，本书研究的第一个问题是分析师跟进是否能够对公司高管财务决策产生影响。

其次，竞争是现代市场的一个主要特征（Nalebuff and Stiglitz，1983），随着国有企业改革的不断深化，进入壁垒逐渐降低，中国工业化进程取得了飞速发展（金碚，2012），各个产业均发生了从垄断向竞争的重大转变（简泽，2011）。一般认为，产品市场的竞争程度影响公司高管的决策，进而影响公司的盈利水平（Porter，1990；Nickell，1996）。一方面，产品市场竞争扮演着公司治理的角色，激励着高管去努力控制产品成本（Raith，2003），花精力维护产品市场（Schmidt，1997），从而降低公司破产的风险（Matsa，2011）。同时，产品市场竞争使得股东们能够很好地察觉高管的行为，从而制定出更合理的激励机制（Hart，1983；Karuna，2007），激励高管进行更多的创新活动（Hou and Robinson，2006；李春涛和宋敏，2010；Lin，Lin and Song，2011），提高生产率（Nickell，1996；Winston，1998；Schmitz；2005），或者实行更有效的监管机制来减少高管的偷懒行为（Hart，1983；Giroud and Mueller，2011），降低代理成本（Ashbaugh-Skaife，Collins and LaFond，2006；Chen，Chen and Wei，2009）。另一方面，产品市场竞争增加了企业的风险（Nalebuff and Stiglitz，1983），导致利润下降，减少了降低成本或者提高需求的边际收益，从而导致高管的努力不能很好地体现出来（Nickell，1996；Schmidt，1997；Raith，2003），而且有时候高管现在的努力并不一定能在当期就立刻反映出来（Meyer and

Vicker，1997），这样对于更看重现金激励的高管来说，过多的竞争反而会导致其偷懒（Scharfstein，1988）。因此，本书研究的第二个问题是产品市场竞争究竟会如何影响公司高管的财务决策行为。

最后，虽然我国法律制度尚不完备、投资者保护总体不足，但我国却是全球经济增长最快的经济体，所以必定还有其他机制在发挥作用（Allen，Qian and Qian，2005），"媒体治理"的说法迅速传开（Dyck，Volchkova and Zingales，2008；李培功和沈艺峰，2010）。一方面，随着各大主流媒体对上市公司财务造假事件的披露，媒体通过跟踪报道和持续关注（Fang and Peress，2009），曝光上市公司各类违法丑闻，能够有效地监督上市公司高管的舞弊行为（贺建刚，魏明海和刘峰，2008；戴亦一，潘越和刘思超，2011；徐莉萍和辛宇，2011；权小峰和吴世农，2012），促进资本市场健康、有序地发展（Bhattachary，Galpin，Ray and Yu，2009；Englberg and Christopher，2011）。另一方面，媒体关注上市公司重大事件，如并购、CEO 聘任等，利用其自身专业知识和信息挖掘、加工优势，向投资者，特别是中小投资者提供及时、准确、详尽的信息（Rogers，Skinner and Zechman，2013），降低了投资者获取信息的成本，增强了上市公司高管与投资者之间的信息联系，有效地缓解了公司与投资者之间的信息不对称。因此，本书研究的最后一个问题是媒体报道是否会影响公司高管的财务决策行为。

第二节 研究思路与研究框架

一、研究思路

本书从理论出发，回顾已有研究文献，总结分析研究的不足以及突破点，提出本书研究的问题，进行实证分析。首先，从资本市场的角度出发，以资本市场的主要参与者——分析师为切入点，探讨了信息不对称情况下，分析师跟进对高管 R&D、投资、盈余管理等财务决策的影响；其次，从产品市场的角度出发，分析在声誉机制的约束下，产业结构的变化以及产品市场竞争程度对高管 R&D、投资以及盈余管理行为的影响；再次，从媒体报道这一视角，检验了在信息不对称的环境下，媒体报道对高管财务决策的事前约束行为。最后，得出本书结论，并提出相应的政策建议。详见图1-2。

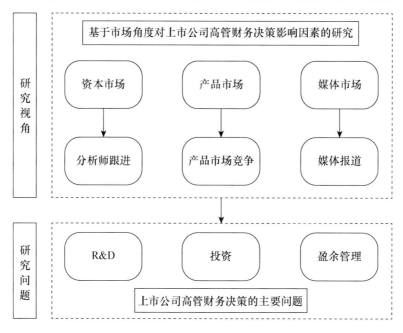

图 1-2　研究思路

全书共分为六章：

第一章分析本书的研究背景，提出研究问题，形成研究思路和研究框架，最后指出本书的研究贡献与创新。

第二章从文献的角度，探讨高管财务决策影响因素研究现状和不足，提出本书研究的必要性。

第三章是分析师跟进、信息不对称与高管财务决策。通过搜集2007—2012 年上市公司的分析师跟进数据，从分析师跟进的信息视角和压力视角出发，探讨了分析师跟进对高管财务决策的影响，并从动态和差异化的角度进一步分析了分析师跟进与高管财务决策行为之间的关系。

第四章是产品市场竞争、声誉机制与高管财务决策。通过构建2007—2012年上市公司产品市场竞争数据，结合经理人市场，从声誉机制的角度出发，分析了在声誉机制的约束下，产品市场竞争对高管财务决策的影响，以及产权性质对两者关系的影响，并对产品市场竞争的治理机制进行了验证。

第五章是媒体报道、信息传播效应与高管财务决策。通过搜集2007—2012年上市公司的媒体报道数据，针对媒体报道的信息传播效应和治理效应，从媒体报道事前约束的视角出发，探讨了媒体报道对高管财务决策行为的约束作用。

第六章是结论。总结了实证分析的结论，并对本书研究的局限性进行阐述，提出其他可能的研究视角。

二、研究框架

本书研究框架如图1-3所示。

第三节 研究改进与创新之处

本书研究贡献和创新之处主要表现在以下几点：

首先，本书系统回顾了高管财务决策影响的研究文献，将高管财务决策影响因素分为高管个人层面和公司层面，并提出市场层面因素可能对高管财务决策的影响，尝试完善高管财务决策影响因素的理论框架，从市场角度解释其他因素无法解释的高管财务决策行为。

其次，越来越多的文献试图研究资本市场如何影响实体经济。完善的

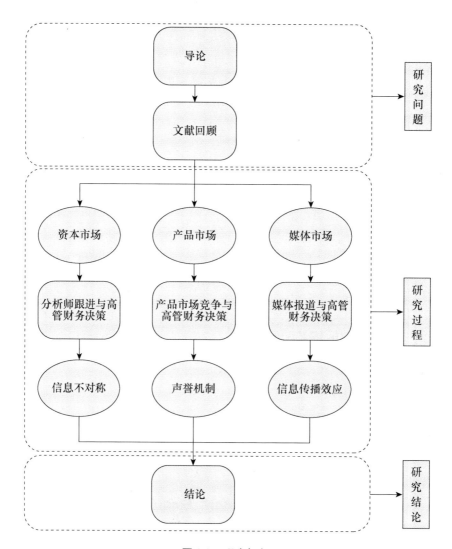

图1-3　研究框架

资本市场有助于提升资本的分配效率，从而刺激创新与经济增长，同时也会带来逆向选择的问题，如短视行为、机会主义、寻租行为等，这些通常又会阻碍企业的创新行为以及经济的增长。了解资本市场如何影响公司高管的财务决策，如投资、融资、R&D等，是一个非常重要的问题，不仅因为高管的这些财务决策是经济增长的一大驱动力（Solow，1957），同时资本市场也是公司融资的重要来源（He and Tian，2013）。本书从分析师角度出发，打破了传统从高管信息披露到分析师预测这一分析模式，研究了分析师跟进对高管财务决策的影响，不仅丰富了分析师预测的相关文献，同时完善了分析师与高管之间的相互作用研究。

再次，本书将产业组织理论与公司财务理论相结合，研究了产业环境的变化以及不同的产业结构下，高管财务决策行为的区别，厘清了产业环境对高管财务决策的作用机制，以及不同产权性质对两者关系的影响，不仅在学术层面补充了产业组织理论与公司财务理论的交叉研究文献，而且在实践层面对高管激励等也提出了较为有效的帮助和指引，对国有企业的改革提供了一个新的思路。

最后，本书从媒体报道事前约束的角度研究了媒体报道对公司高管的影响，对媒体的治理效应提出质疑，指出在我国法律制度尚不完备、投资者保护总体不足的情况下，媒体更多的是作为信息的发布者和传播者，降低投资者获取信息的成本，增强上市公司高管与投资者之间的信息联系，缓解公司与投资者之间的信息不对称。在当前信息环境尚不完善的背景下，提高媒体报道的自由度、完善媒体市场也是改善投资者保护的有效途径。

第二章

文献回顾

　　本章主要对国内外高管财务决策影响因素研究进行归纳、总结及评述。首先从高管重要性的争论出发，探讨了高管在公司中的作用及其重要性；然后以上市公司首次公开发行（IPO）前的盈余管理为切入点，分析了高管在公司中的财务决策行为，进一步讨论了股权分置改革之后高管财务决策的变化，指出了解、研究高管财务决策行为的必要性以及厘清高管财务决策影响因素的迫切性；接着对现有关于高管财务决策影响因素研究的文献进行总结，将其归纳为个人层面因素和公司层面因素，并对现有研究进行评述，指出其不足及研究突破口；最后提出市场层面因素对高管财务决策的影响这一研究视角。

第一节　高管的作用及其重要性

　　从传统观念的角度来看，高管的重要性似乎是不言自明的。但是这个传统的"个人主义"（Individualist）观点逐渐受到"条件主义"（Contextualists）观点的质疑，也就是说，由于高管的作用受到各种因素的影响而导致高管在公司中的作用并不显著（Hall，1977；Pfeffer and Salancik，

2007）。例如，通过对 167 家大型公司销售收入、毛利以及利润数据的分析，Lieberson and O'Connor（1972）发现，行业和公司层面的因素比高管更能解释公司绩效的变化，但是结果并不稳健。Hambrick and Mason（1984）指出，关于传统的"个人主义"观点的挑战都是基于 Lieberson and O'Connor（1972）的研究，Thomas（1988）通过对英国零售行业的研究，巧妙地解决了以往研究高管与公司绩效在方法上存在的问题，进一步探讨了高管与公司绩效之间的关系，发现 Lieberson and O'Connor（1972）的研究结果其实已经明确支持了高管对公司绩效的重要性（高管个人对公司绩效的解释水平约为 6.5% ~ 14.5%），高管确实会对公司财务决策以及公司绩效产生影响，高管对公司绩效作用重要性的反对者实际上是过于放大了他们的结论。例如，在对公司融资决策影响因素的研究中，学者们在控制了账面市值比等公司特征后，发现仍有很大一部分因素不能得到很好的解释（Bradley，Jarrell and Kim，1984；Titman and Wessels，1988；Smith and Watts，1992），公司投资决策以及投资现金流敏感性的多样化也是高管作用的体现（Fazzari，Hubbard and Petersen，1988；Kaplan and Zingales，1997）。

一方面，越来越多的研究表明，高管通常具有某种特殊能力，能够帮助企业获得成功（Fama，1980；Gabaix and Landier，2008；Tervi，2008）。代理理论（Agent Theory）认为，所有权与经营权分离是公司最有效的一种组织方式，高管以其出色的经营管理能力成为不可或缺的角色（Fama，1980）。Gabaix and Landier（2008）指出，公司高管通常具有不同的才能，如果公司的需要与高管的才能相互匹配，这些才能就可以为相匹配的企业带来一定的边际效益。Terviö（2008）通过构建任务模型（Assignment Model Approach），发现公司高管在管理上的才能的确能够提升企业价值。通过对公司高管提前执行股票期权的行为进行分析，Srivastava（2013）发现，在某些公司风险方面，高管比市场更具敏感性，他们通常通过调整个人的投资组合来规避风险。另外，高管的外部网络（Geletkanycz，Boyd， and Finkelstein, 2001）以及政治联系（王锟和李伟, 2012）等都能作为专有资源, 为企业带来竞争优势, 如获得融资上的便利（Cull and Xu, 2005）以及更多、更及时的政府援助（Faccio, Masulis, and McConell, 2006）。Geletkanycz, Boyd, and Finkelstein (2001) 建议公司在选择与聘任高管时, 除了要考虑其职业背景和经验, 还要将其外部网络作为战略资源纳入考虑因素。王锟和李伟 (2012) 通过对中国民营企业的研究发现, 公司高管的政治联系能够显著弥补其经营能力上的不足, 降低其被辞退的可能性。同时, 通过对 35 个国家的 450 家具有政治联系的公司进行实证研究, Faccio, Masulis, and McConell (2006) 发现, 高管的政治联系能够给企业带来更多的政府救助, 在经济危机时期, 这种政治联系的好处表现得更为明显。Beatty and Zajac (1987) 通过对 209 家大型公司的调查发现, 高管的离任通常伴随着股价的下降以及公司价值的减少。

另一方面, 竞争排序理论（Competitive Sorting Theory）表明, 由于高管资源的稀缺性, 企业会竞相聘请有能力的高管（Edmans, Gabaix, and Landier, 2009）。高管薪酬的不断攀升也从另一个角度印证了高管在公司中的地位及其能力。近 40 年来, 高管薪酬显著上升, 并且其与普通员工的薪酬差距已经从 1965 年的 18.3 倍增长到 209.4 倍（Murphy and Zabonik, 2004; Mishel and Sabadish, 2012）。大部分公司乐意选择具有公司所需能力的高管（Gabaix and Landier, 2008; Terviö, 2008）, 邀请他们来处理庞大且复杂的信息, 帮助企业渡过难关（Henderson and Fredrickson, 1996）, 并乐意高薪聘请一些具有外部网络的高管（Geletkanycz, Boyd, and Finkelstein, 2001）。通过对 460 家英国制造业、服务业上市公司的实证分析, Geletkanycz, Boyd, and Finkelstein (2001) 发现, 当公司需要高管充分发挥其外部网络的作用时, 拥有更多更广外部网络的高管将会获得更加丰厚的报酬。Srivastava (2013) 也指出, 公司在设计高管薪酬合约时, 会考虑将薪酬的大部分与高管的风险预测能力联系起来, 以此来激励高管充分发挥他们的风险预测能力。

第二节 高管财务决策

由于信息不对称（Information Asymmetry），投资者很难准确、及时地了解高管的行为（Aboody and Lev，2000；Frankel and Li，2004）。以上市公司 IPO 为例，我国的证券法和《首次公开发行股票并上市管理办法》等法律法规规定了发行人公开发行股票的条件以及发行价格的确定方法，一部分学者认为，上市公司为了满足证监会上市要求（张铁铸、王磊和周红，2011），或者为了确定一个合理的发行价（Friedlan，1994），存在大量的盈余管理行为（Neill，Pourciau and Schaefer，1995；Teoh，Welch and Wong，1998）。Friedlan（1994）以会计政策的选择为切入点，分析了公司在上市前的临时报告及年度报告，发现公司在上市前一般都会通过可操纵应计项目来调整盈余。与以往将会计政策的选择与发行公司行为联系起来的研究不同，Neill，Pourciau and Schaefer（1995）将会计政策的选择与经济后果联系起来进行研究，发现会计政策的选择与上市收益呈现出显著的正相关关系，表明高管在 IPO 时通常对应计项目进行调整。Teoh，Welch and Wong（1998）也以上市公司的长期绩效为突破口研究了上市公司的盈余管理行为，发现与未进行 IPO 的公司相比，在已完成 IPO 的公司中存在大量的盈余管理行为。进一步地，张铁铸、王磊和周红（2011）发现，在创业板上市的公司，其盈余管理的程度明显高于在中小板上市的企业。

尽管如此，一部分学者发现，在 IPO 时，高管不存在盈余管理行为（Ahorny，Lin，and Loeb，1993；Roosenboom，Van der Goot and Mertens，2003；Ball and Schivakumar，2006）。Ahorny，Lin，and Loeb（1993）从管理层动机出发探讨了高管是否会在 IPO 之前操纵利润。他们将可操纵应计项目作为盈余管理的替代变量进行研究，发现两者之间并不存在显著的正相关关系。Roosenboom，Van der Goot and Mertens（2003）对 64 家荷兰公司的可操作应计利润进行跟踪，发现在公司 IPO 之前并不存在利润操作。Ball and Schivakumar（2006）从信息的角度出发，认为管理层会根据自己所掌握的信息选择合理的时间上市。此外，由于上市时面临严格的监管，盈余管理的成本较高，大部分企业并没有动机去进行盈余管理（Fan，2007）。但是，不论是上市前进行盈余管理，抑或是上市后进行盈余管理，还是选择恰当的时机上市，都是高管财务决策的一种表现方式。

对于公司高管自身来说，一方面，由于所有权与经营权的分离，使得管理层有机会选择一些短视行为，如减少 R&D 投入（温军和冯根福，2012）、减少投资（Holmstrom，1999；饶育蕾，王颖和王建新，2012）等；另一方面，由于经理人市场的存在（Tadelis，2002；李波和单漫与，2009），以及职业经理人对声誉的关注（Beasley，1996；袁春生，吴永明和韩洪灵，2008），管理层又有压力及动机去减少舞弊行为（Holmstrom，1999）、增加投资（饶育蕾、王颖和王建新，2012）。Holmstrom（1999）从 CEO 的职业生涯关注理论出发，研究了公司高管财务决策，发现上市公司与高管之间存在一个隐性的合约（Implicit Contract），这个合约会影响公司高管的财务决策行为，但是并未指明该合约是会激励还是恶化高管行为。饶育蕾、王颖和王建新（2012）则直接研究了 CEO 在职业生涯的不同阶段的投资行为，发现随着职业生涯的增长，公司高管先后呈现出短视投资、增加投资以及短视投资的行为。Beatty and Zajac（1987）指出，上市公司前任高管离职后，新的高管，无论是内部提拔的还是外部聘任的，都会对公司的生产和投资行为产生巨大影响。

实际上，我国企业高管利用职务之便为自己谋利的事件屡见不鲜，其中约 60% 为侵占型犯罪，且该类型犯罪行为最为复杂（张蕊，2011）。尤其是在股份全流通时代，高管行为发生了明显变化，其手段更为隐蔽，危害更为严重（吴林祥，2008），具体包括设置较低行权条件的股权激励、利用关联方以及法律盲点进行利益输送、有选择地披露对公司有实质性影响的信息以及通过离职变相套现等方式。发生在 2007 年的高管"离职潮"

便是最好的证明。因此，在代理问题和信息不对称问题尚未得到有效解决以及经理人市场尚未完善的情况下，高管财务决策问题必须引起学术界以及实务界的关注，对其行为影响因素的研究也迫在眉睫。

第三节　高管个人特质对高管财务决策的影响研究

一、高管个人特质

由于所有权与经营权的分离，高管作为企业的经营者和管理者，是整个公司的核心，对公司投资、融资以及股利分配等财务决策起着决定性作用（Bertrand and Schoar，2003），对公司的价值观等也有着深远的影响。因此，在对公司财务决策的研究中，越来越多的学者开始关注高管个人特质（Bertrand and Schoar，2003；Malmendier，Tate and Yan，2011；Schoar and Zuo，2011；Roussanov and Sacor，2012；Cronqvist，Makhija and Yon-ker，2012；Hutton，Jiang and Kumar，2013）。Bertrand and Schoar（2003）以 1969—1999 年间美国 800 强企业为样本，将高管个人特质引入企业财务决策影响因素的实证研究中，发现高管个人特质能够增加模型的解释力度，尤其是公司的并购决策、多元化决策以及股利政策等方面，为公司财务研究领域提出了新的研究方法。随后，越来越多的学者发现，高管个人特质会对企业财务决策（如投资策略、融资策略和组织战略）产生显著的影响（Barker and Mueller，2002；Bertrand and Schoar，2003；Malmendier and Nagel，2011；Malmendier，Tate and Yan，2012；Chyz，2013）。

以行为学理论和人的有限理性为基础，Hambrick and Mason（1984）提出了高阶理论，认为组织战略的选择以及绩效水平反映了组织中有影响力人群，也就是高管的认知基础和价值观。由于高管的认知基础与价值观根本无法度量，因此难以验证该理论的真伪。在对有限理性下的战略决策过程进行分析之后，Hambrick and Mason（1984）利用可观测的管理者特征（Observable Managerial Characteristics），如年龄、性别、任期、职业路径、受教育情况、社会地位、财务状况等高管背景特征作为替代变量，借助高阶理论，提出了诸如年轻的高管更倾向于追求风险型战略，如非相关多元化、产品创新及过度举债；来自社会地位较低群体的经理人员更倾向于进行收购和非相关多元化等命题。在此基础上，Zahra and Pearce（1989）将高管个人特质分为两类：一是标签背景，即高管的外部特征，包括年龄、性别、教育背景、工作背景和行业经验等；二是内部特征，包括性格、兴趣爱好、价值观、宗教信仰、品质等。并进一步指出，内部特征更持久，不容易变化。

对企业家个人特质差异的研究主要包括其早期经历和成长背景（Malmendier, Tate and Yan, 2011）、家庭环境和政治倾向（Hutton, Jiang and Kumar, 2013）、个人财务杠杆（Cronqvist, Makhija and Yonker, 2012）、婚姻状况（Roussanov and Sacor, 2012）、受教育水平（Frank and Goyal, 2009）及职业背景（Schoar and Zuo, 2011）等方面。

Barker and Mueller（2002）研究发现，CEO 个人特质能够在很大程度上解释样本中各公司研发支出的差异；Bertrand and Schoar（2003）的研究表明，CEO 的受教育水平会影响其是否采取激进的公司战略；Malmendier, Tate and Yan（2012）的研究表明，CEO 过度自信会影响公司投资决策；Malmendier and Nagel（2011）的研究表明，CEO 的早期生活经历会影响其风险偏好；Chyz（2013）指出，那些个人税务规划更激进的 CEO 会有更强的避税倾向。上述研究均表明，CEO 的个人特质会影响公司的财务决策。

二、高管标签背景

1. 年龄

企业的成长与管理者的年轻化有关（Hart and Mellons, 1970；Child,

1974）。年轻的高管过度自信（Roll，1986；Prendergast and Stole，1996；Heaton，2002；Malmendier and Tate，2005，2008；Yim，2013），风险承受能力相对较高（Beber and Fabbri，2012），渴望突破和创新（Cazier，2011；Serfling，2012），更倾向于追求风险型战略（Beber and Fabbri，2012），如非相关多元化（Yim，2013）、产品创新以及过度举债（Hambrick and Mason，1984）等。

　　Prendergast and Stole（1996）从管理者连续投资的角度出发，发现年轻的高管具有从众心理，并且急于表现，在投资等决策中容易展现出过度自信。Beber and Fabbri（2012）巧妙地应用外汇衍生品作为替代变量来衡量高管的投机行为，以1996—2001年美国的非金融上市公司为样本，通过实证研究发现，年轻的高管通常表现出过度自信，会利用更多的衍生品进行投机。而且，由于高管薪酬通常与公司的并购扩张活动相联系，年轻的高管通常更有动机去进行并购活动。Yim（2013）通过对1992—2007年美国上市公司高管数据进行实证研究，指出年轻的高管宣告并购的可能性要比年长的高管高出约30%。年轻高管种种过度自信的表现导致公司在销售成绩与企业盈余方面波动较大（Hart and Mellons，1970；Child，1974）。

　　相反，年长的管理者明显比较保守（Hambrick and Mason，1984）。首先，年长的高管可能存在生理或心理上的障碍（Child，1974），风险承受能力有所下降（Harman，1991；Roberts and Rosenberg，2006；Beber and Fabbri，2012；Serfling，2012），对新观念的接受程度和学习速度明显不如年轻的管理者（Chown，1960）。年轻的管理者有能力在短时间内整合大量的信息做出决策，并对自己做出的决策充满信心；年长的管理者则倾向于花大量的时间去找寻足够多的信息，并在经过深思熟虑之后再做出决策（Taylor，1975），因此，公司的财务报告质量也会相对较高（Huang，Rose-Green and Lee，2012）。Huang，Rose-Green and Lee（2012）通过对3 413家公司2005—2008年的数据进行实证分析，发现由年长的CEO管理的公司，其财务报告重述的次数明显少于由年轻的CEO掌管的公司，得出

CEO 年龄与公司财务报告之间存在显著的正相关关系的结论，认为 CEO 年龄可以作为财务报告质量的因素。

其次，年长的管理者在心理上比较安于组织的现状（Stevens, Beyer and Trice, 1978; Bertrand and Mullainathan, 2003; Cazier, 2011）。对于年长的管理者来说，他们的人生可能处于重视财务与职业稳定阶段，其社会地位、消费模式与退休后收入的规划皆已成形。因此，他们会尽量避免研发投入、并购等任何可能影响其规划或者具有风险的活动（Carlsson and Karlsson, 1970; Bertrand and Schoar, 2003; Cazier, 2011; Beber and Fabbri, 2012; Serfling, 2012）。Serfling（2012）指出，相比年轻的 CEO，年长的 CEO 所在公司明显呈现出投资不足的趋势，即便其做出投资决策，大部分也是投资于能够降低公司风险的项目，因此销售收入和利润增长较慢，股价波动也相对较小。

此外，从声誉机制的视角来看，如果公司高管舞弊，那么他们会受到来自经理人市场以及资本市场的惩罚，因此，声誉机制在一定程度上可以抑制高管的舞弊行为（Chalmersa and Godfrey, 2004; Fich and Shivdasani, 2006; Desai, Hogan and Wilkins, 2006）。Fama（1980）指出，由于经理人市场上存在竞争以及声誉机制的压力，高管顾虑到自己的职业生涯，在经营管理过程中会主动降低道德风险，约束自身行为。职业生涯假说指出，相比年长的高管或者处在职业生涯末期的高管，年轻的高管更加关注其在经理人市场上的声誉，因此其舞弊的可能性及严重性也会大大降低（Holmstrom, 1999; Tadelis, 2002; 袁春生，吴永明和韩洪灵，2008）。

Holmstrom（1999）通过构建模型，对 Fama（1980）的假说重新进行了验证，指出职业生涯动机既可能降低道德风险，减少高管的舞弊行为，也可能会加重高管的舞弊行为，具体取决于高管个人所处的职业生涯阶段。Tadelis（2002）也指出，随着高管职业生涯接近末期，声誉机制的约束作用逐渐减弱。袁春生、吴永明和韩洪灵（2008）直接对中国上市公司高管进行研究，发现处于职业生涯早期的年轻高管更在乎其在经理人市场上的声誉，其所在的公司发生舞弊行为并受到证监会处罚的可能性会降低。

2. 性别

随着社会的发展以及思想观念的改变，女性高管逐渐打破"天花板效应"（Glass Ceiling Effect）的束缚，越来越多地进入人们的视野（Arfken，Bellar and Helms，2004），1972—2000 年，美国公司女性高管的比例从 18% 上升到 45%（Lee and James，2007）。Campbell（1996）以其任太阳石油公司（Sun Oil）CEO 的工作经验指出，女性高管通常能给公司带来崭新的观念或者视角，其建议通常颇具价值。除此之外，女性高管能鼓舞公司员工士气，提高公司治理效率（Terjesen，Sealy and Singh，2009）。有鉴于此，一些国家甚至强行规定了有关女性高管的政策，如挪威政府要求上市公司董事会成员中至少有 40% 为女性（Hoel，2008），西班牙和瑞典政府强制要求上市公司将女性董事会成员的比例在 2015 年之前分别提高到 40% 和 25%（De Anca，2008），其他国家，像印度、中国、突尼斯、约旦等，也正在酝酿制定有关上市公司女性高管比例的政策（Singh，2008）。

对于女性高管的作用，学术界展开了激烈的讨论（Carter，Simkins and Simpson，2003；Joy，Wagner and Narayanan，2007；Adams and Ferreira，2009；Terjesen，Sealy and Singh，2009；周泽将，刘文惠和刘中燕，2012）。Carter，Simkins and Simpson（2003）首次对高管团队的多样化和公司价值之间的关系进行了实证分析，其中一点就是女性高管的比例，发现女性高管能够显著地提高公司价值。Francoeur，Labelle and Sinclair-Desgagne（2007）从代理理论和利益相关者理论出发，检查了女性高管是否以及如何影响公司表现，结果发现女性 CEO 每个月能带来 0.17% 的超额收益，三年内能够达到 6%，而且公司运营环境越复杂，该效果越显著。Joy，Wagner and Narayanan（2007）则直接对《财富》500 强企业 2001—2004 年的财务数据进行分析，通过分组对比，发现女性高管最多的一组公司，其净资产收益率（ROE）比女性高管最低组要高出 53%，销售回报率

（ROS）要高出42%，投资资本回报率（ROIC）高出多达66%。同时，他们将有三名以上女性高管的公司单独作为研究对象，发现其ROE、ROS和ROIC分别要比平均值高出5.2、5.3和3.8个百分点。

但是，也有学者对此持怀疑态度，认为女性高管对公司价值无影响（Westphal and Milton，2000；Rose，2007）。Westphal and Milton（2000）指出，上市公司高管在形式上确实在逐渐走向多元化，女性高管的数量也越来越多，但是无法改变她们仍是少数的现象，导致她们在公司的话语权相对较弱，也无法对公司财务决策等做出实质性的改变。尽管丹麦在女权方面的进展不错，但是Rose（2007）发现，丹麦上市公司的董事会仍然由男性掌控，通过检验1998—2001年的丹麦上市公司，并没有发现女性高管与托宾Q之间存在联系［托宾Q（Tobin's Q Ratio）是公司市场价值对其资产重置成本的比率，是财务系经典指标］，也就是说，女性高管并未给公司绩效带来改善。除此之外，更有部分学者发现，女性高管实际上降低了公司价值（Almazan and Suarez，2003；Lee and James，2007；Adams and Ferreria，2009）。Almazan and Suarez（2003）指出，公司治理水平与公司价值并不是单纯的线性关系，当公司治理水平达到一定程度时，再提高公司治理水平往往会降低公司价值。女性高管通常表现出过度监管的特征，导致公司价值出现下降的情况。Lee and James（2007）通过对1990—2000年美国上市公司高管变更公告进行研究，发现女性CEO的任命公告所带来的市场反应比任命男性CEO公司的市场反应要差很多，而且如果这名女性CEO是从公司外部任命的，这种反应甚至可能是负面的。Adams and Ferreria（2009）发现，女性董事的出席率明显高于男性董事，公司董事中女性董事的比例越高，董事会就会表现出越强的监管效应，能够提高公司的治理水平，但是，女性董事比率的提高却会对公司绩效产生负面影响，主要表现为并购防御策略的不足。

抛开以上研究的种种争论，究竟是什么因素导致男性与女性高管对公司价值作用的不同呢？一般认为，在同一环境下，女性比男性更厌恶风险

（Estes and Hosseini，1988；Powell and Ansic，1997），在个人资产配置方面表现得更为保守（Jianakoplos and Bernasek，1998），交易次数比男性少（Barber and Odean，2001），女性高管也不例外（Martin，Nishikawa and Williams，2009；Adhikari，2012；周泽将，刘文惠和刘中燕，2012）。Martin，Nishikawa and Williams（2009）对比1992—2007年间70个女性CEO任命公告与70个男性CEO任命公告后发现，女性CEO在任命后通常会带来公司风险的下降，他们进一步发现，高风险的公司也存在聘任女性CEO的现象。Adhikari（2012）以标准普尔1 500家公司作为样本，研究了CEO性别差异对公司财务决策和绩效的影响，发现聘用女性CEO的公司持有更多的现金、维持更低的财务杠杆比率、资本投资的水平更低，并且这类公司拥有更低的系统性风险。

此外，男性通常会表现出过度自信（Barber and Odean，2001；Bengtsson，Persson and Willenhag，2005），女性高管能够很好地抑制过度自信这一弊端（Peng and Wei，2007），但是也会因为过度保守付出代价（Almazan and Suarez，2003，Adams and Ferreria，2009）。

高管性别对高管财务决策影响的研究目前主要集中在盈余管理（Shawver，Bancroft and Sennetti，2006；Krishnan and Parsons，2008；Srinidhi，Gul and Tsui，2011；Peni and Vähämaa，2010；Ye，Zhang and Rezaee，2010）、社会责任（Wang and Coffey，1992；Stanwick and Stanwick，1998；Williams，2003；Jia and Zhang，2009）、信息披露（Gul，Srinidhi and Ng，2011）、IPO（Mohan and Chen，2004）以及并购（Levi，Li and Zhang，2008）等方面。

在盈余管理方面，研究发现，女性高管或者工作人员能降低公司盈余管理的可能性（Shawver，Bancroft and Sennetti，2006）和程度（Srinidhi，Gul and Tsui，2011），提高公司盈余质量（Krishnan and Parsons，2008）。但是，也有研究结果指出，并非所有的女性高管都能对公司的盈余管理程度产生显著影响。为了检测高管性别与公司盈余管理之间的关系，Peni and Vähämaa（2010）对可操纵应计项目与公司高管性别进行回归分析，发现女性高管所采取的财务策略相对更为保守，性别对公司盈余管理行为确实有影响，但并未指出究竟是减少还是增加盈余管理。无独有偶，Ye，Zhang and Rezaee（2010）首次以中国上市公司为研究样本，对高管性别与公司盈余管理行为进行检验，也没有得出一个确切的结论。

在社会责任方面，Stultz（1979）指出，女性高管的商业目标较少，并且对社会责任问题更为敏感。Wang and Coffey（1992）从代理理论出发，探讨了公司董事会的构成与公司慈善活动之间的关系，支持了 Stultz（1979）的结论，指出女性高管多的公司在慈善活动方面表现得更好。Williams（2003）直接检验了女性高管与公司慈善活动之间的联系，发现女性高管比率越高，公司对慈善活动的热衷程度明显越高，但是这种关系只在部分行业存在。Jia and Zhang（2009）则质疑以往研究所采用的慈善活动贡献模型是否适用于任何商业环境下的公司社会责任，通过对中国上市公司董事会和监事会女性高管的比率与公司在自然灾害发生时的慈善活动进行相关性分析，发现了与以往研究相反的现象，即女性高管比率的增加会减少公司的慈善捐赠。

在信息披露方面，Gul，Srinidhi and Ng（2011）指出，公司董事性别的多元化有利于董事之间的交流，提高董事会议的有效性，同时能够对经理人员进行更加有效的监督，从而提高信息披露的质量。

在公司的其他财务活动方面，Mohan and Chen（2004）首次将高管性别和价值评估联系起来，分别考察了男性高管和女性高管主导的 IPO，发现两种 IPO 表现出来的 IPO 折价现象并没有多大差异，认为公司 IPO 活动并不受公司高管性别的影响。同样是价值评估活动，Levi，Li and Zhang（2008）发现，女性 CEO 的并购溢价比男性 CEO 要低多达 70%，而且目标公司女性董事比率每增加 10%，该并购溢价水平会降低约 15%。

3. 工作经验

公司的领导者，尤其是 CEO 等高管，通常会将之前的工作经验带到新的工作当中（Schoar and Zuo，2011），这种经验对整个战略决策存在一定的影响（Hambrick and Mason，1984）。Dearborn and Simon（1958）通过案例分析指出，当高管面对和以前同样的问题时，通常会根据自己的经验来分析和处理。并且以往的工作经验会增加他们在公司中的话语权，能够对公司决策产生实质性的影响（Westphal and Milton，2000）。

一般来说，有经验的管理者倾向于附和行业标准或历史经验，不愿意根据新信息改变决策（Prendergast and Stole，1996）。Hambrick and Mason（1984）认为，不同的工作经验通常会对高管财务决策产生不一样的影响，来自产品部门的工作经验将会促使高管强调增长、寻找新的发展机会，并且负责产品和市场的监督和调整（Miles and Snow，1978）；有生产部门经验的高管更加关注生产过程以及会计制度，着重生产效率的提升（Lawrence and Lorsch，1967）；还有一类高管主要拥有法律和财务领域的工作经验，他们在做决策时通常会考虑能够弥补自己经验不足的战略（Hays and Abernathy，1980）。

实际上，已有学者从各个不同角度研究了工作经验对高管财务决策的影响，主要集中在盈余管理（Xie，Davidson III and DaDalt，2003；Dowdell and Krishnan，2004）、投资（Jensen and Zajac，2004；Huang，2010）以及融资决策（Graham，Harvey and Puri，2013）等方面。

在盈余管理方面，Xie，Davidson III and DaDalt（2003）指出，如果董事会和审计委员会的成员有财务背景，由于了解盈余管理的手段以及盈余管理的危害，因此他们会有效地抑制盈余管理行为。Dowdell and Krishnan（2004）根据越来越多的公司任命具有审计工作经验的人员担任公司重要职务的现象，选取了172家首席财务官（CFO）具有审计工作经验的公司作为样本，通过对比发现，有审计工作经验的CFO上任的头两年，公司的盈余管理程度明显较高，表明CFO的审计经验会帮助公司以更加隐蔽的方式进行盈余管理。Matsunaga and Yeung（2008）研究了具有CFO工作经验的CEO，发现有CFO工作经验的CEO普遍比较保守，更多地进行负向盈余管理操作，并且很少发布利好消息，但是只要发布，其可靠性、准确性通常较高。因此他们认为，CEO 的财务工作经验对公司的信息披露以及盈余质量具有一定程度的影响。

对于投资决策，Jensen and Zajac（2004）从高阶理论以及代理理论出发，探讨了公司高管如何影响公司战略。实证分析表明，具有财务背景的 CEO，其投资方式更具有多元化。Huang（2010）从业务剥离的视角研究了 CEO 的工作经验对公司决策和公司价值的影响，发现多元化公司的 CEO 将更多的资源投资在他们熟悉且擅长的领域，并逐渐剥离与其工作经验联系较少的业务部门或者单元，最后公司业务与 CEO 以往工作经验越匹配，公司业绩提高得越多，股票的超额收益也越高，公司价值也越大。

在融资决策方面，Graham，Harvey and Puri（2013）通过对美国公司的 CEO 进行问卷调查，发现大部分 CEO 认为自己在公司并购、资本结构决策等方面具有较强的影响力，对投资决策的影响力则很有限。通过深入分析，Graham，Harvey and Puri（2013）发现有金融及会计领域工作经验的 CEO 能够清楚地认识到负债的价值，因此更倾向于采用高杠杆的资本结构。

4. 教育

一个人所受的教育，某种程度上反映出这个人的知识与技能。若一个人很审慎地选择自己所受的教育，则教育背景某种程度上亦反映出这个人的价值观与认知偏好（Hambrick and Mason，1984）。对高管教育背景与高管财务决策的研究，目前主要局限在受教育程度与创新方面，普遍认为两者存在正相关关系（Becker，1970；Kimberly and Evanisko，1981）。但是，这类研究并没有考虑高管年龄等其他关键性的因素。Kimberly and Evanisko（1981）探讨了高管的工商管理教育背景与非工商管理教育背景是否会对公司的创新行为产生影响，结果并没有发现两者存在明显的联系。

Bantel and Jackson（1989）对 199 家银行的高管进行研究，发现受教育水平高的高管所管理的银行表现出更强的创新能力。Bertrand and Schoar

（2003）的研究表明，CEO 的受教育水平会直接影响其是否采取激进的公司战略，其中，拥有 MBA 学历的管理者倾向于做出更为激进的管理决策，但是并不影响公司的资本结构。Beber and Fabbri（2012）通过实证证明了拥有 MBA 学历且经验较少的 CEO 在做出投资决策时通常会表现出过度自信，更倾向于采用激进的并购策略。Rose（2007）以公司高管的构成为切入点，发现了与以往研究不同的结论，指出由于在组织中多数派具有较强的话语权，如果高管是少数派，那么他们的教育背景不会对决策产生影响。Frank and Goyal（2009）发现，受过 MBA 教育的 CEO 通常会采取高负债策略，但是同时指出公司财务决策并不仅仅取决于可观测的高管特质。

另一个值得注意的观点是，教育背景亦代表本身可能是某一团体的一员（Collins，1971）。在阶级结构明显的英国，此观点获得了更强烈的支持（Stanworth and Giddens，1974；Channo，1979）。Stanworth and Giddens（1974）对英国公司的 CEO 进行调查，发现他们的样本中有 50% 的 CEO 来自剑桥大学或牛津大学。Channo（1979）的研究也有相同的结论，他指出，共同的教育背景能够为 CEO 带来一定的联系。在某些产业里，管理者的教育背景，甚或来自某些特定学校，确实是企业成败的关键。Cohen，Frazzini and Malloy（2010）从基金经理的角度出发证实了这一观点，他们指出，基金经理在做出投资决策时，通常会选择其高管跟他们具有同样教育背景的公司进行投资。

三、高管内部特征

根据 Zahra and Pearce（1989）的分类，高管的内部特征包括性格、兴趣爱好、价值观、宗教信仰、品质等。由于这些内部特征较难直接观测，实证研究中总是将内部特征转化为可观测的外部标签背景进行分析，目前已有研究主要从社会经济背景（Collins and Moore，1970；Channon，1979；

Malmendier，Tate and Yan，2011）、政治倾向（Hutton，Jiang and Kumar，2013）、个人财务状况（Cronqvist，Makhija and Yonker，2012；Chyz，2013）以及婚姻状况（Roussanov and Sacor，2012）等角度进行研究。

1. 社会经济背景

在以往高管特质对高管财务决策影响的研究文献中，鲜有学者论及高管的社会经济背景与组织策略或绩效间的关系，一是由于数据的可得性，二是因为高管的社会经济背景具有很高的同质性。Sturdivant and Adler（1976）指出，1975 年美国绝大部分高管都来自中等阶级的家庭。在英国，Channon（1979）也发现了高管的社会经济背景与企业成长策略间的关系。他观察到，大部分创业者都来自生活水平较低的地区，具备仅受小学教育、免服兵役、较少涉入伦敦社交名流的活动等特征。

近年来，越来越多的学者发现，CEO 的早期生活经历会影响其风险偏好（Hutton，Jiang and Kumar，2013；Malmendier and Nagel，2011），进而影响其财务决策行为。Collins and Moore（1970）通过对创业者的行为进行研究发现，创业者通常表现出积极追求创新的策略，主要是因为大部分创业者的社会经济背景不佳，为了获得认同与肯定，他们通常表现得更为积极，也更加敢于冒险，采用较为积极的财务政策。Hambrick and Mason（1984）也发现，来自社会地位较低群体的经理人更倾向于进行收购和非相关多元化。Yang（2010）从家族企业的角度出发，研究了来自家族的 CEO 和其他来源的 CEO 对家族企业盈余管理的影响，结果显示，相对于来自家族的 CEO，其他来源的 CEO 有更大的动机通过操纵利润等方式来进行盈余管理。

2. 政治倾向

根据 2013 年盖洛普的调查显示，拥护共和党的公众普遍比较保守，其中多达 73% 的共和党支持者认为自己比较保守，而且这种保守行为也会影响自己的经济行为，即在财务上也表现出保守行为（Wilson，1973；Jost，Glaser，Kruglanski and Sulloway，2003；Hutton，Jiang and Kumar，2013）。同时，越来越多的财务学研究文献表明，个人投资者（Kaustia and Torstila，2011；Bonaparte，Kumar and Page，2012）、基金经理（Hong and Kostovetsky，2012）以及分析师（Jiang，Kumar and Law，2013）的政治倾向会影响他们的投资决策。

以此为出发点，Hutton，Jiang and Kumar（2013）直接探讨了公司高管的政治倾向是否会对公司的财务决策（如资本结构以及投资政策等）产生影响。借鉴 Hong and Kostovetsky（2012）对公司高管政治倾向划分的方法，通过对"9·11"事件以及雷曼兄弟倒闭事件的研究，发现高管的政治倾向确实会反映在公司的财务决策活动中，支持共和党的公司高管在制定财务决策时更加保守，他们所在的公司会采用低负债政策，R&D 投入相对较少，投资项目的风险也相对较低，盈利水平较高。

此外，Benmelech and Frydman（2012）以高管的从军经历作为切入点，研究了这类 CEO 的决策行为，发现有从军经历的 CEO 在资本投入以及研发投入上表现得较为保守，但是这类 CEO 掌管的公司不容易发生舞弊行为，并且在行业衰落时表现得更好。

3. 个人财务状况

研究表明，CEO 在个人投资组合中的过度自信会延伸到公司的投资决策中（Malmendier and Tate，2005）。Dyreng（2010）提出公司高管的个人特质可能会对公司的避税行为产生增量影响。Chyz（2013）对此问题进行了深入探讨，发现 CEO 个人的税务行为会体现在公司的财务决策中，那些个人税务筹划更激进的 CEO 在公司战略上也会有更强的避税倾向。

实际上，已有相当一部分学者研究了 CEO 特质对公司财务杠杆的影响。但是结果并不明朗，并且都是基于一些可观测的特征（Bertrand and Schoar，2003；Frank and Goyal，2009；Malmendier，Tate and Yan，2010）。

Cronqvist，Makhija and Yonker（2012）基于行为一致性假说（Behavioral Consistency Hypothesis），检验了 CEO 个人杠杆与公司杠杆之间的关系，发现 CEO 个人杠杆能够很好地解释公司的财务杠杆政策。

四、高管个人特质影响公司决策的理论基础

Hambrick and Mason（1984）以行为学理论和人的有限理性为基础提出了高阶理论，认为组织战略和绩效反映了组织中有影响力人群的价值观和认知基础。然而，认知基础与价值观的最大问题是难以测量，因此难以进行实证研究。在分析了有限理性下的战略决策过程后，Hambrick and Mason（1984）将注意力转向可观测的管理者特征（Observable Managerial Characteristics），也就是人口背景特征，如年龄、任期、职业路径、受教育情况、社会地位、财务状况等。在他们看来，关注决策者的背景特征有三个优势：首先，与决策者的认知基础和价值观相比，背景特征更易测量；其次，可以摆脱心理学有限维度定式的限制；最后，从背景特征出发，可以将高阶理论应用于管理者的选拔和培养以及对竞争对手的分析等方面。在提出该模型后，Hambrick and Mason（1984）共提出了 21 个命题，如年轻的经理人更倾向于追求风险型战略，如非相关多元化、产品创新及过度举债，而来自社会地位较低群体的经理人员更倾向于进行收购和非相关多元化等。在此基础上，Zahra and Pearce（1989）将管理者的个人特质分为标签背景和内部特征两类。

在公司的整个管理团队中，企业家处在权力体系的核心，拥有其他管理者无法比拟的管理权力和责任。以企业家为首的管理层对制定和执行公司的财务政策具有绝对的主导作用。越来越多的学者开始研究企业家个人特质对公司决策的影响。对企业家个人特质差异的研究主要包括其早期经历和成长背景（Malmendier，Tate and Yan，2011）、家庭环境和政治倾向（Hutton，Jiang and Kumar，2011）、个人杠杆（Cronqvist，Makhija and Yonker, 2009&2011)、婚姻状况 (Roussanov and Sacor, 2012)、受教育水平 (Frank and Goyal, 2009) 及职业背景 (Schoar and Zuo, 2011) 等方面。Barker and Mueller (2002) 研究发现，CEO 个人特质能够在很大程度上解释样本中各公司研发支出的差异；Bertrand and Schoar ((2003)) 的研究表明，CEO 的受教育水平会影响其是否采取激进的公司战略；Malmendier, Tate and Yan (2011) 的研究表明，CEO 过度自信会影响公司投资决策；Malmendier and Nagel (2011) 的研究表明，CEO 的早期生活经历会影响其风险偏好；Chyz (2011) 指出，那些个人税务筹划更激进的 CEO 会有更强的避税倾向。上述研究均表明，CEO 的个人特质会影响公司的财务决策。

五、高管个人特质与公司融资、资本结构

自 Modigliani and Miller (1958) 发表《资本成本、公司财务与投资理论》一文以来，学者们花费了大量精力研究公司资本结构的决定因素。如 James H. Scott (1976) 推导出公司存在最优的资本结构，且由公司资产的清算价值、公司税率和公司规模决定。Jensen and Meckling (1976) 引入代理理论和产权理论，提出了代理成本并通过代理成本解释了公司资本结构的设置，即权衡债务和股票两种融资手段带来的代理成本，确定股票与债券的最优比率从而使得总代理成本最小。Ross (1977) 提出了信号假说，通过构造激励信号模型 (Incentive-signaling Model)，证明了管理者有动机通过公司资本结构的相关信息向市场传递公司业绩状况，这些信息包括财务杠杆、股利的支付、企业家所持公司的股票份额、融资类型等。Ross 提出，管理层可以用较高的财务杠杆传递公司美好未来的信号，他的研究将管理者引入了理论框架。Myers (1984) 基于信息不对称提出了关于资本结构的优序融资理论 (Pecking Order Theory)。在公司有序融资框架中，公司偏好内部融资，其次是负债，然后是可转换债券之类的混合证券，最后

才会选择股票。

上述学者以规范分析为公司资本结构的研究奠定了理论基础和整体框架。进入 20 世纪 80 年代，一些学者开始通过实证分析来解释公司资本结构的影响因素，主要集中于对公司和行业特征影响的研究，如不稳定性、破产概率、固定资产、非债务税盾、广告、研发支出、盈利能力、成长机会、规模、自由现金流、产品独特性等（Harris and Raviv，1991），这些研究是对传统资本结构理论的进一步验证，对于现实问题也起到了重要的解释作用。

但从对传统资本结构理论的梳理来看，可以发现：传统的资本结构理论关注的是公司资本结构与公司价值的关系，是基于黑箱理论建立起来的，忽视了 CEO 的异质性。许多实证研究都假设公司 CEO 的个人特质不会影响公司的资本结构。一种观点认为，能担任公司 CEO 的个人的特征具有同质性，CEO 能够互相替代，因此他们的个人特质无关紧要；另一种观点认为，CEO 之间存在异质性，如兴趣爱好和他们对公司负债、融资及财务杠杆的偏好，但是如果 CEO 不能左右公司决策或者公司的治理结构能够有效地约束 CEO 的行为，则 CEO 的个人偏好不会影响公司的资本结构。上述两种假设均认为，处于同一行业、特征类似的公司即使被不同的 CEO 所管理，也会选择相似的资本结构。

但在研究决定公司资本结构的横截面因素时，学者发现，在控制公司水平特征后（如账面市值比、公司资产类别或非债务税盾），仍有很多差异无法解释（Titman and Wessels，1988；Smith and Watts，1992；Bradley，Jarrell and Kim，1984），因此，除公司、行业和市场因素外，CEO 的个人特质能否解释这些无法解释的部分是一个重要的研究问题。Bertrand and Schoar（2003）以 1969—1999 年间美国 800 强企业为样本，构建 CEO 与企业相匹配的面板数据集，较早地将 CEO 个人特质引入了企业财务决策影响因素的实证研究，将 CEO 固定效应从企业固定效应中识别出来，指出各企业的 CEO 不是同质的，其个人特质会对企业财务决策（如投资策略、融资策略）和组织战略产生显著的影响。他们发现，在控制其他影响因素的情况下，CEO 的年龄与企业财务杠杆呈负相关关系，CEO 的年龄每增加 10 岁，其管理的企业的财务杠杆约提高 2.5%，虽然拥有 MBA 学历的 CEO 倾向于选择更高的财务杠杆，但结果不显著。Hackbarth（2008）在资本结构权衡理论的基础上研究了管理者个人特质对资本结构的影响，发现过度乐观的管理者会高估企业盈余增长速度，而过度自信的管理者会低估盈余的风险，这两者都会影响企业的资本结构。过度乐观和过度自信的管理者选择的负债水平会显著高于理性的管理者，因为高估未来收益会导致 CEO 不愿意与新股东分享未来的收益，因此他们更愿意使用债务融资而不是权益融资。

Graham，Harvey and Puri（2008）采用问卷调查法进行研究，统计发现，CEO 们认为其对公司并购决策和资本结构决策的影响力最大，对投资的影响力最弱。随后他们就 CEO 对公司资本结构的影响对调查结果进行了深入分析，发现只有 CEO 的从业经历和性别对公司负债比率的影响是显著的。如果 CEO 过去在金融或会计领域工作，则其更倾向于使用高杠杆，对此的解释是，拥有此类工作经验的 CEO 更能认识到负债的价值。他们还加入公司特征作为控制变量，进行了多元回归，发现来自私营企业过度自信的男性 CEO 更倾向于使用短期负债。此外，他们认为，内生性可能是导致这种相关性存在的原因，即拥有特定特征的公司可能会倾向于聘用具有相似偏好或管理风格的 CEO，即 Bertrand and Schoar（2003）中提到的 CEO 固定效应。为了解决上述内生性问题，即高财务杠杆的公司喜欢聘用那些有能力承担高财务风险的 CEO，Frank and Goyal（2009）选择发生了 CEO 变更事件的公司作为研究样本，认为在 CEO 变更事件发生前后，公司的基本特征和外部情况不会发生实质性变化，因此若 CEO 的个人特质不会影响公司杠杆，则 CEO 变更后公司的杠杆不会发生变化，否则公司的杠杆在 CEO 变更后也会随之变更。研究结果表明，CEO 任期越长，公司财务杠杆越低；若 CEO 曾在多家公司任职、拥有 MBA 学位或法律学位，则其所任职公司的财务杠杆越高；如果 CEO 因身体或年龄原因正常退休，则 CEO

变更后公司的杠杆不会发生明显变化，但若 CEO 因表现不好等原因被辞退，则 CEO 变更后公司的杠杆会降低。

Malmendier，Tate and Yan（（2011））也使用固定效应估计方法来比较同一公司各任 CEO 的个人特质对公司融资行为的影响，研究结果表明，CEO 的个人特质能在很大程度上解释公司的融资政策。首先，那些认为公司市值被低估的 CEO 会高估外部融资成本，特别是权益融资成本，因此过度自信的 CEO 的融资偏好符合优序融资理论，即内源融资优于债务融资优于权益融资。其次，经历过萧条时期的 CEO 普遍对资本市场失去信心，更加倾向于内源融资。最后，具有从军经历的 CEO 会采取更为激进的融资政策，包括提高公司财务杠杆。

此外，也有学者开始关注 CEO 的个人杠杆与企业融资决策之间的关系。Cronqvist，Makhija and Yonker（2009）搜集了 S&P 1 500 个 CEO 的购房和贷款数据，用 CEO 近期购房支出里的按揭比率作为 CEO 负债偏好的替代变量，发现 CEO 的个人杠杆与企业杠杆正相关，同时还发现，企业倾向于聘任与前任 CEO 持有相同负债偏好的 CEO。如果新任 CEO 和前任 CEO 的个人负债偏好不同，则企业的财务杠杆会向新任 CEO 的个人杠杆靠近。此外，在治理不善的企业中，CEO 的个人杠杆与企业财务杠杆之间的相关性更强，表明 CEO 对企业的控制力更强，能够用个人喜好影响公司决策。以上结果表明，CEO 个人特质的异质性能够部分解释各企业资本结构的差异，分析 CEO 的性格和个人特质对研究企业的财务政策具有重要意义。

Cronqvist，Makhija and Yonker（2011）对 2009 年的研究成果进行了理论上的完善。行为一致假设认为，CEO 在各种情景下表现出的行为应该具有一致性，即公司的杠杆和 CEO 个人的杠杆存在正相关关系。而对冲假设认为，拥有高个人杠杆的 CEO 会选择降低公司财务杠杆来对冲个人风险。实证结果表明，行为一致假设成立，CEO 的个人杠杆与企业杠杆正相关，随后使用 CEO 是否负债的虚拟变量作为解释变量进行稳健性检验，回归结果也是显著的，进一步对 CEO 变更前后公司的资本结构进行研究，发现

CEO 个人杠杆与公司杠杆也存在显著的正相关关系，且这种影响不会被 CEO 的其他个人特质的影响所替代。

六、高管个人特质和盈余管理

近些年来，国外学术界对于企业家个人特质和盈余管理相关问题的研究主要集中于高管性别、年龄、工作经历等方面。部分研究结果显示，女性高管或者工作人员能降低公司盈余管理程度，提高公司盈余质量。例如，Shawver, Bancroft and Sennetti (2006) 的研究发现，女性会计从业人员进行盈余管理的可能性比男性会计从业人员小。Krishnan and Parsons (2008) 认为，盈余质量就是公司报告的盈余多大程度上反映了公司的真实经济状况，及时向利益相关者报告高质量的盈余是管理者的道德义务。他们研究了高管性别多样化对所报告盈余质量的影响，结果发现公司女性高管越多，盈利能力越强，公司盈余质量与高管性别多样化正相关。Srinidhi, Gul and Tsui (2011) 检验了董事会性别的多样化是否会带来更高的盈余质量。结果显示，具有女性董事的公司的管理层会更遵守财务报告规则，董事会成员性别多样化会使公司具有更高的盈余质量。也有部分研究结果显示，并非所有的女性高管角色都对降低公司的盈余管理程度产生了显著的作用。Peni and Vähämaa (2010) 检查了盈余管理和公司高管性别之间的关系，他们通过集中研究 CEO 和 CFO，试图找出这些女性高管是否影响以及如何影响公司报告的财务信息质量。实证研究的结果显示，女性 CFO 会采取更稳健的财务报告策略，但是并没有发现盈余管理与公司 CEO 性别之间存在显著关系。Ye, Zhang and Rezaee (2010) 以中国上市公司为研究样本，检验了高管性别是否影响盈余质量。结果他们发现，与美国等发达国家不同，在我国，具有不同性别高管的上市公司之间的盈余质量并不存在显著的差异。这是第一篇检验在中国这样的新兴市场上，公司高管的性别和盈余质量是否相关的论文。

Huang et al.（2012） 单独研究了 CEO 年龄与公司财务报告质量的关系。他们以 2005—2008 年的 3 413 家公司为样本，将公司达到或超过分析师盈余预测和财务重述作为公司财务报告质量的代理变量，通过实证检验发现 CEO 年龄和财务报告质量之间正相关。具体来说，CEO 年龄与公司达到或超过分析师盈余预测和财务重述负相关。

也有一些文献研究了工作经历对于盈余管理行为的影响。例如，Xie et al.（2003） 的研究发现，如果董事会和审计委员会的成员有财务背景，他们所任职的企业可操纵性应计利润会更低，因此这些成员的财务经验是限制管理层盈余管理倾向的重要因素。Dowdell and Krishnan（2004） 研究了之前担任公司外部审计师的 CFO 和没有担任公司外部审计师的 CFO 对于公司盈余管理行为的影响。结果发现，相比于后者，在前者新任 CFO 被聘任的头两年，公司的盈余管理程度显著高于后者。Matsunaga and Yeung（2008） 检验了那些有 CFO 经历的 CEO 所在的公司在财务报告和披露政策方面是否存在系统性的差别，结果发现，有 CFO 经历的 CEO 所在的公司会更多地使用负向应计利润，分析师对公司的预测也更准确、集中和稳定。另外，有 CFO 经历的 CEO 更少有关于好消息的盈余预测，但是一旦发布，就会很准确。他们还发现，有 CFO 经历的 CEO 会用更多稳健的会计政策，为分析师提供更准确的指导，因此，CEO 的财务背景是公司财务披露质量的影响因素。

另外，还有一些文献从其他方面研究了高管和公司盈余管理行为的关系。例如，Yang（2010） 研究了在家族企业中，来自家族的 CEO 和其他来源的 CEO 对于公司盈余管理的影响。结果显示，相对于家族 CEO，非家族 CEO 有更大的倾向去管理公司的盈余。

七、高管个人特质与企业投资、企业并购

Malmendier and Tate（2005a） 用 CEO 放弃执行到期期权或在股价高涨

时不执行期权作为衡量过度自信的指标，对《福布斯》500 强公司经理人进行研究发现，在内源资金相似的情况下，过度自信的 CEO 投资更为频繁。他们还发现，过度自信的 CEO 往往高估投资项目质量，认为市场低估本企业价值，因而以留存收益作为项目资金首要来源；公司留存收益越高，则投资项目越多。Malmendier and Tate（2005b）认为一些管理者对公司承担的非系统风险不知规避，过于相信自己的能力并且乐观估计企业的投资收益，这类管理者认为外部融资的成本是高昂的，因此其投资现金流的敏感性很高，基于这种形式，当企业现金流充裕时容易投资过度，而资金紧张时表现为投资不足。Prendergast and Stole（1996）探讨了进行连续投资决策的管理者的从众动机。他们发现，年轻管理者急于展示自身能力，容易过高评价私有信息而忽视公共信息，在投资决策中表现得过度自信；相反，有经验的管理者倾向于附和行业标准或历史经验，不愿意离经叛道从而毁坏以往累积的声誉和名望。

Jensen and Zajac（2004）以《财富》500 强公司作为研究样本，发现具有财务背景的 CEO 更倾向于多元化的投资方式。Huang（2010）从公司业务剥离的角度研究了 CEO 的工作经验对公司决策和公司价值的影响，用 CEO 的职业背景和行业经验来衡量其是否为"行业专家"（industry expertise），发现多元化经营企业的 CEO 更倾向于剥离与其自身管理经验关联较少的业务单元，即他们更愿意投资于自己熟悉和擅长的领域，并且这种投资行为能显著提高公司绩效，导致公司股票产生超额收益。该研究表明，CEO 的专业经验会影响其投资决策，进而影响公司价值和股票的市场收益。Cazier（2011）检验了 CEO 年龄或任期与 R&D 之间的关系，结果表明 CEO 临近退休时会缩减 R&D 的行为主要是受 CEO 年龄或任期的影响。Serfling（2012）研究了 CEO 年龄对企业投资的影响，发现年轻的 CEO 比年长的 CEO 所做的投资决策更多，年长的 CEO 更倾向于做出能降低公司层面风险的投资决策，投资不足的问题在年纪较大的 CEO 中更加常见。Serfling（2012）从风险承受能力的角度对 CEO 年龄与企业投资之间的关系进行了研究，发现 CEO 的年龄与股票收益的波动性之间负相关，说明随着 CEO 年龄的增长，其风险承受能力下降。其进一步研究表明，年龄较大的 CEO 通过采取较低风险的投资策略来降低公司的风险，如年龄较大的 CEO 会减少研发投资，在做并购决策时更倾向于多元化的并购方案，并且维持较低的公司杠杆。由此可见，CEO 的年龄会影响其风险承受能力，进而影响公司的投资决策。Beber and Fabbri（2012）研究了 CEO 个人特质对企业的外汇金融衍生品投资的影响，结果表明：拥有 EMBA 学位、更年轻、工作经验更少的 CEO 的投机性更强，更偏好风险。

学者们肯定了企业家个人特质对公司决策的重大影响，同时将目光放在了确定企业家哪些具体的特质可以对公司并购行为产生影响的研究上。根据 Shleifer and Vishny（1989）的研究，管理者会去并购一些与自己的知识或技术背景非常相关的企业，其目的是使得企业离不开自己，减少被变更的风险，这被称为"管理者防御假说"。Yim（2012）研究了 CEO 的年龄与公司并购行为的关系，发现年龄小的 CEO 更倾向于做出并购行为，他将这种现象归结于代理理论中的 CEO 薪酬设计。实证研究结果表明，CEO 在成功进行并购后，薪酬会获得较大的提升，即使并购失败，CEO 薪酬也不会降低。为了追求个人收益，年轻的 CEO 纷纷寻找并购目标并做出并购决策。Beber and Fabbri（2012）通过实证研究证明了拥有 MBA 学历且经验较少的 CEO 在做出投资决策时会表现得过度自信，更倾向于采用激进的并购策略。Bertrand Schoar（2003）也提出，拥有 MBA 学历的管理者倾向于做出更为激进的管理决策。Malmendier and Tate（2008）发现，过度自信管理者实施并购的可能性比理性管理者高出 65%，过度自信管理者实施多元化并购的可能性也远高于理性管理者。Doukas and Petmezas（2006）以及 Brown and Sarma（2006）研究了管理者过度自信与企业并购之间的关系，都发现，管理者越过度自信，越容易实施并购，特别是多元化并购。

第四节 公司层面因素对高管财务决策的影响研究

在公司层面上，现有研究主要集中于高管薪酬（Smith and Stulz，1985；Clinch，1991；Baber，Janakiraman and Kang，1996；Cheng，2004）、高管任期（Finkelstein and Hambrick，1990；Hambrick，Geletkanycz and Fredrickson，1993；Casson，1999；Antia，Pantzalis and Park，2010）以及高管晋升（Chan，1996；Shleifer and Vishny，1989）等对高管财务决策的影响。

一、高管薪酬

公司通过聘任管理者来帮助提高公司价值。为了能够让管理者充分发挥其专业才能，公司通常会给管理者一定的自主权。同样，对于管理者来说，除非有足够的激励措施，否则他们也不会为实现公司价值最大化而努力。因此，需要通过设计高管薪酬合约来激励高管去追求公司价值最大化（Clifford and Watts，1982；Jensen and Murphy，1990）。

Smith and Stulz（1985）指出，高管的期望效用取决于公司的业绩，对冲会改变公司业绩的分布，因此也会改变高管的期望效用。通过构建模型，他们发现，高管薪酬合约与高管的对冲选择行为之间存在联系。Jensen and Murphy（1990）指出，薪酬的多少并不能对 CEO 起到激励作用，真正能够激励 CEO 的是薪酬的支付方式。Mehran（1995）通过随机选择 153 家制造业公司的高管薪酬合约进行研究发现，高管薪酬合约的设计会对高管产生明显的激励作用，薪酬合约中权益报酬的比例越大，对高管的激励作用就越明显。Tufano（1996）通过对北美金矿行业公司的风险管理政策进行研究，发现衍生品的使用与高管薪酬之间的确存在关系，如果公司高管拥有更多的公司股票期权，则会减少自己的风险控制活动，也就是说，高管的风险厌恶性会表现在公司的风险管理政策之中。Brown，Crabb and Haushalter（2006）通过对 44 家金矿行业的公司对冲政策的研究，发现了其对冲政策具有选择性，并且明显违背风险管理理论，认为高管薪酬的变化是导致衍生品使用变化的主要因素。Géczy，Minton and Schrand（2007）也指出，一些具有很强投机性观念的公司，会通过高管薪酬的设计去激励高管采取更多的投机行为。Rose and Shepard（1997）从高管薪酬的角度出发，发现在多元化的公司，公司通常通过高薪聘请具有特殊能力的 CEO 来帮助公司提升价值。

但是，也有研究指出，高管薪酬不会影响高管财务决策。Géczy，Minton and Schrand（1997）通过横截面数据的研究发现，不管是为了投机还是对冲风险，高管股权激励的增加都不会导致高管对衍生品使用的增加。Beber and Fabbri（2012）系统地分析了公司的高管薪酬机制，探讨了 CEO 薪酬与公司股价以及股价波动性之间的关系，发现两者的关系较为模糊。

实践中，越来越多的学者研究发现了高管薪酬与其行为之间的具体联系。尽管高管薪酬不断提升，但是约 85% 的薪酬都与公司业绩（尤其是短期业绩）相联系（Le Breton-Miller I and Miller，2005），通过将高管薪酬与公司表现联系起来，会激励高管做出更多具有价值的决定（Holmstrom，1979；Harris and Raviv，1979；Grossman and Hart，1983）。Clinch（1991）通过研究发现高管薪酬与公司的 R&D 活动具有显著的正相关关系。Baber，Janakiraman and Kang（1996）通过对 1992—1993 年 1 249 家美国上市公司 CEO 薪酬变化的研究，发现公司投资机会与高管薪酬和公司业绩之间的敏感性具有联系，高管薪酬和公司业绩之间联系越强，CEO 找到的投资机会也就越多。Cheng（2004）指出，当公司 CEO 面临退休或者公司面临损失时，CEO 薪酬的变化会导致公司 R&D 投入的变化，同时当 CEO 薪酬总体发生变化时，R&D 投入额也会发生变化。此外，由于高管薪酬大多与短期股价表现挂钩（Le Breton-Miller I and Miller，2005），会导致管理层出现许多短视行为，如压缩成本及并购等能够带来短期效益的行为（Morck，Shleifer and Vishny，1990）。

二、高管任期

在过去的 20 年间，CEO 平均任期从 8 年缩短到约 4 年（Le Breton-Miller and Miller，2006），因此，CEO 的业绩压力倍增。为了在短期内提高绩效，出现了大量的并购行为（Morck，Shleifer and Vishny，1990）。同时，由于管理者的决策视野受到任期的限制，那些即将退休或者任期将结束的管理者通常表现得更为短视，结果是一些好的项目被放弃，尤其是那些短期回报不多但是后期回报很高的项目（James，1999）。此外，Shleifer and Vishny（1989）指出，CEO 会选择投资在他们擅长的领域，虽然不能确保一定会提升公司价值，但是这些投资会使现任 CEO 看起来对公司更有价值，同时降低任期结束之后被替代的威胁。由于投资需要大量的前期准备及时间，因此他们认为 CEO 的这种行为会随着任期的延长而下降。

Finkelstein and Hambrick（1990）发现，高管任期对公司战略和绩效有显著影响，高管任期越长，战略的一致性越强，业绩也能保持在行业平均水平。Laverty（1996）指出，由于 R&D 投资通常需要很长时间才能转化为收入，在短期内并不能给管理者带来业绩上的帮助，因此许多管理者对 R&D 投资较少，且当 CEO 即将退休时，这种行为更加明显（Dechow and Sloan，1991；Bushee，1998；刘运国和刘雯，2007）。Casson（1999）则指出，较长的任期会鼓励 CEO 投资一些更长期的项目，如基础设施、R&D 等。Antia，Pantzalis and Park（2010）以 CEO 任期作为 CEO 决策视野的替代变量，研究了 CEO 的短视与公司价值的关系，发现 CEO 任期越短，公司代理成本越高、信息风险越大，公司价值也就越低，说明 CEO 任期越短，在投资选择时越倾向于选择那些能够快速获得回报的项目。

但是也有研究指出，CEO 任期越长，他们就越会安于现状，采取新技术或者改进技术的意愿越低（Hambrick，Geletkanycz and Fredrickson，1993）。

三、高管晋升

Hambrick and Mason（1984）的高阶理论认为，来自公司外部的高管相比由内部提拔的高管更乐于改变，包括公司结构、业务流程以及人员方面。

一般认为，如果企业从外部招聘经理人员，说明被聘用的高管其能力要高于内部管理人员（Chan，1996），或者更适合公司目前发展的需要。Chan（1996）指出，引入外部聘任高管制度会提高高管一职的竞争程度，同时也会降低现任高管的工作动力，但是这种情况可通过薪酬以及奖励制度来适当缓解。Shleifer and Vishny（1989）指出，为了降低合约到期后被取代的威胁，现任 CEO 在做投资决策时具有明显的选择性，通常会选择投资一些自己擅长且能够显示自身价值的项目。

第五节　金融政策层面因素对高管财务决策的影响研究

一、货币政策对高管财务决策的影响

1. 货币政策对融资渠道的影响

关于货币政策对股票市场的影响，国外的专家学者主要是从利率和货币供应量两个方面着手进行研究的。Tobin（1969）指出，货币政策当局主要通过影响资本供给来影响实体经济，主要是指投资和消费。根据其提出的托宾 Q 理论，货币政策传导机制为：货币供应量的增加导致利率下降，进而导致股票价格上升，引发 Q 值增加，最终增加产出。

关于货币政策对信贷渠道的影响，研究表明，货币政策主要通过影响

银行信用可得性对信贷渠道产生影响。Miron and Romer（1994）认为，货币政策对银行信贷渠道的影响可以通过信用传导理论来解释。在这种传导机制下，货币政策对那些依赖银行获得资金的企业有更大的影响。在紧缩的货币政策下，货币供给量减少导致银行存款减少，意味着银行储备减少，银行可供贷款的数量就会减少，进而影响企业融资。

而随着信息技术如互联网技术的发展，金融脱媒受到前所未有的关注。金融脱媒是发生于金融系统中的一种经济现象，而金融系统又是连接货币政策与企业行为的桥梁，因此金融脱媒必然会通过影响货币政策的传导进而影响到货币政策效果。Roldos（2006）以及Tan and Goh（2007）在凯恩斯主义的宏观框架下，采用实证分析方法研究了金融脱媒对货币政策传导的影响。Roldos（2006）发现，金融脱媒的出现使得利率对总需求的弹性增大，从而货币政策的传导更加有效。然而，Tan and Goh（2007）的研究发现，金融脱媒出现以后货币政策不如之前有效，金融市场的创新减小了产出的波动，金融脱媒导致实际利率影响实际变量的作用减弱。

2. 货币政策对资本结构的影响

Bemanke and Gertler（1995）发现，货币政策主要通过调节利率水平和流动性水平来影响企业的资本结构。Wald（1999）、Boothet al.（2001）发现，货币政策会通过改变融资方式影响资本结构。Russo et al.（1999）认为由于利率下降使负债融资成本降低，进而对资本结构产生影响。Kim et al.（1993）、Leland（1998）以及Leland and Tdif（1996）均发现无风险利率增大，违约率下降，企业的负债率增加。Kashyap et al.（1993）研究发现，商业票据融资在货币政策收紧时会显著增加。

学者对货币政策如何通过调整流动性来影响公司的资本结构的研究主要是在信息不对称的条件下，从市场运行效率的视角展开的。Najan and Zingales（1995）认为，信息不对称会导致公司资产负债表在流动性收紧时迅速恶化。流动性收紧时，由于逆向选择和道德风险，公司借款成本会迅速上升，管理层将重新考虑如何选择合适的资本结构。

已有的实证研究也表明，货币政策调整对公司的影响会随着公司的行业属性及公司规模等不同而存在显著差异。Gertler and Gilchrist（1993）的研究发现，上一轮的货币紧缩导致了经济衰退，在危机结束之后，大型企业债券发行额迅速增长，中小型企业的债券发行则相对稳定。Cooley and Qimdrini（2006）认为，小型公司资本结构决策随着货币政策的改变而改变的倾向更为强烈。资本结构也因国别而有所差异。Cook and Tian Tang（2009）探索了货币政策对资本结构调整速度的影响，最后得出公司在经济繁荣时的资本结构调整速度更快的结论。

3. 货币政策对融资约束的影响

货币政策对企业融资活动的影响主要体现在融资成本的上升和融资规模的限制等方面。当货币政策从紧时，企业的外部融资成本将提高，外部融资规模将受到限制，导致外部融资约束增强；反之，当货币政策趋于宽松时，企业外部融资约束减弱（祝继高和陆正飞，2009；龚光明和孟渐，2012）。

国外研究方面，Gong and Meng（2013）发现紧缩的货币政策加大了企业外部融资约束程度。Fisher et al.（2014）认为，金融危机后，非常规货币政策有助于缓解一些企业的融资约束。Jansen and Tsai（2010）进一步发现，外部融资能力在熊市环境下显得更为重要，因为它能缓解货币政策对熊市的影响。国内方面，战明华等（2013）研究了利率控制、银行信贷配给行为变异与上市公司的融资约束的关系。黄志忠和谢军（2013）研究发现，宽松的货币政策可以通过降低企业"投资—现金流"敏感性来缓解企业融资约束，且区域金融市场的发展强化了这一效应。靳庆鲁等（2012）、谢军等（2013）也得出了类似的结论，同时指出，与国有企业相比，宽松的宏观货币政策能够在更大的程度上缓解非国有企业的融资约束。此外，喻坤等（2014）发现，近年来频繁的货币政策冲击强化了国有企业与非国有企业之间的融资约束差异。

4．货币政策对现金持有的影响

以往的学术研究表明，企业现金持有量的影响因素很多，如企业财务状况、公司治理结构、行业竞争等。但上述因素在某一时期内是相对稳定的，并不能很好地解释现金持有量的季度变化。因此，部分学者转而研究货币政策的紧缩程度对企业现金持有行为的影响。

Wang et al.（2013）研究发现，现金持有水平与通货膨胀（消费者价格指数）呈现 U 形关系。陈栋和陈运森（2012）考察了在货币政策变更背景下企业建立银行股权关联对现金管理的影响。代光伦等（2012）发现，在货币紧缩时期，企业会提高现金持有水平，但此现象主要出现在地方政府控制的企业中。

企业外部融资能力与宏观经济状况密切相关，宏观政策的变化会导致企业融资渠道、融资成本的变化，使企业面临的融资约束有所不同，进而使得企业的现金管理发生改变。现有考察"现金——现金流"敏感性的研究大多集中在公司层面，没有考虑宏观经济政策。Gaiotti and Generale（2001）的研究结论显示，"现金——现金流"敏感性受到货币政策（利率政策）的影响。章贵桥和陈志斌（2013a，2013b）研究发现，当央行实行宽松的货币政策时，企业"现金——现金流"敏感性将会降低。但是，这种变化在预算软约束不同的企业中呈现出不同的特征。此外，这种效应在融资约束不同的企业中表现也不相同。

5．货币政策对投资活动的影响

投资是国内外学者研究货币政策对企业影响较多的一个领域（Chowdhury et al.，1986；Gaiotti and Generale，2001；Zulkhibri et al.，2013）。研究货币政策对企业投资行为的影响，实际上就是研究货币政策通过哪些传导渠道影响企业的投资行为，以及在不同类型企业和不同的经济背景下企业对货币政策冲击的反应。对这一问题，学者从不同的角度出发并基于不同的经济主体行为假设，得出了不同的结论。

Kashyap et al. (1993)、Vijverberg (2004)、Mizen and Vermeulen (2005)、Aivazian et al. (2005) 分别应用不同国家或地区的数据，发现货币政策会从不同的渠道影响企业的投资行为。如货币政策会通过贷款供给影响企业投资 (Bernanke et al., 1995; Lu Ying et al., 2008)，同时，货币政策也会通过资产负债表渠道和利率渠道改变资本成本，从而影响公司投资 (Mojon et al., 2002; Kalekreuth, 2001; Gaiotti et al., 2001)。在影响机理方面，有研究指出，货币政策中的信贷渠道对企业投资具有调控作用 (Zulkhibri et al., 2013; 张颖，2002; 叶馨和叶兵，2006)。彭方平和王少平 (2007) 则认为，货币政策会通过改变政策利率和影响国债到期收益率等方式影响资本成本，进而影响公司的投资行为。吴建环 (2004)、刘思佳 (2010) 发现，货币政策能够通过股票市场（托宾 Q）来影响公司的投资。姜国华和饶品贵 (2011) 的研究发现，货币政策不仅会通过改变宏观经济前景预期影响企业的投资行为，而且还会直接影响公司面临的融资环境从而影响企业的投资行为。王君斌和郭新强 (2011) 发现，在利率管制下，数量型扩张货币政策的传导机制主要是利率调节还是信贷配给，取决于银行贷款利率下限是否严格约束以及实体经济的盈利能力和信贷需求程度。

在影响程度方面，Hu (1999)、Tang and Li (2008)、Predescu et al. (2010)、Karim et al. (2013) 发现，货币政策对企业的影响具有异质性，不同的公司面对货币政策冲击的反应不同。Zulkefly (2010)、Huang et al. (2012) 发现，货币政策对投资的影响受到公司融资约束程度、流动性、存货、公司规模、资产负债率等的约束。方阳娥 (2008) 发现，货币政策对企业投资的影响在国企和非国企中明显不同。黄德勇 (2012)、Wei et al. (2014) 的研究发现，货币政策对企业投资行为的影响存在区域性差异。钱燕 (2013) 发现紧缩的货币政策对我国企业的投资支出有显著影响，其中对国有企业、小规模企业、低担保能力企业的影响大于对非国有企业、大规模企业、高担保能力企业的影响。张西征等 (2012) 的研究则表明，货币政策对公司投资的影响对不同融资约束的公司是不同的。

货币政策对投资机会的研究集中在货币政策的调整影响企业面临的宏观经济环境。一般认为,宽松的货币政策将增加货币供给,扩大社会消费与需求,从而提高企业投资收益的预期,企业也将面临更多具有较高投资回报项目的机会。Lothian and James(1995)通过研究货币政策和投资机会的关系,发现货币政策中的利率和货币供应对企业投资有明显的影响。刘金叶和高铁梅(2009)发现,在经济繁荣阶段,货币政策作用效果比较显著;而在经济衰退阶段,企业可选择的投资机会相对较少。陈艳(2012)发现,货币政策对企业的投资机会和投资支出具有正向调控作用。

6. 货币政策对投资效率的影响

企业的投资活动决定了其创造现金流的能力。企业投资效率是反映企业投资行为是否有效的判断标准,主要取决于两个因素:一是投资机会;二是融资约束。货币政策作为宏观经济政策的重要组成部分,直接影响投资行为。靳庆鲁等(2012)基于资本逐利的经济规律研究表明,宽松的货币政策会降低对企业的融资约束,并对投资效率产生显著影响。刘星等(2013)和陈艳(2013)的研究同样支持货币政策对企业投资效率存在显著影响的观点。

7. 货币政策对企业并购的影响

对企业并购的研究多是从并购浪潮形成的驱动因素角度入手。Mitchell and Mulherin(1996)、Andrade et al.(2001)研究发现,技术变革或放松管制是并购浪潮形成的驱动因素。Harford(2005)的研究指出,多个行业的并购浪潮往往发生在利率低的时候。Weston et al.(2004)则发现,产业整合浪潮总是发生在股价高、利率低的时候,即利率和并购浪潮呈负相关关系。Nelson(1959,1966)、Melicher et al.(1983),以及 Becketti and Seen(1979)、Esty et al.(1999)等的研究发现,并购活动的水平与利率负相关。但是 Golbe et al. (1987)、Nieh (2002) 则发现,并购活动的水平与利率并没有显著的相关性,即货币政策对企业并购没有影响。Cheng (1993) 发现,货币政策与企业并购存在格兰杰因果关系。唐绍祥 (2007) 发现,利率与并购活动负相关,货币供应量对总体并购活动存在微弱的正相关关系,股价指数和汇率对总体并购活动有负面影响,且影响程度很弱。

8. 货币政策对企业研发的影响

货币政策调控对微观主体的影响首先体现在政策的改变使企业面临的信息环境发生了变化(饶品贵和姜国华,2011)。具体来说,紧缩的货币政策增加了企业面临的市场不确定性程度,因而加大了企业价值的波动性,管理层会根据这一信息来调整自己的风险认知,改变对未来的预期,进而改变企业行为(包括研发投入强度)。由于融资约束对企业研发活动具有抑制效应(Brown et al., 2009;张杰等,2012;康志勇,2013),在货币政策趋紧时,对外部融资依赖较高的企业来说,货币政策对其研发投入的影响可能会更加明显。

二、信贷政策对高管财务决策的影响

国外由于对信贷政策持狭义的观点,因此对信贷政策研究多是在微观的商业银行层面进行的,关于政府金融调控部门(主要是中央银行)制定的信贷政策如何促进产业结构调整的研究则较少。Friedman (1991) 提出,货币体系完全可以与任何信用工具脱钩,货币与信用之间的关系在不同的时间和地点变化很大,货币创造与信用扩张是完全不同的,信贷政策与货币政策是两种截然不同的政策。中国的学者一致认为,信贷政策是广义的,中央银行以产业政策为基础制定信贷政策,在信贷市场上指导商业银行的信贷投向,促进经济结构调整。曹军新(2009)指出，信贷政策是国家根据产业政策和市场原则对信贷投向作出规定的一种政策组合和政策行为，包括信贷规模政策、信贷投向政策、信贷结构政策、信贷利率政策和信贷风险管理政策。

Jenkins et al.（2006）发现，美国对于高技术行业的支持产业政策能够促进就业。Porter et al（2002）研究了日本的行业经济发展，通过将日本在国际上成功和失败的产业进行对比后发现，产业政策对于行业的发展具有阻碍作用，失败的产业大多是受产业政策影响较大的部门。Criscuolo and Martin（2007）的研究成果表明，政府支持的行业会提升企业生产力和效率。程明博和周雄（1986）提出，信贷政策和货币政策是金融政策的两种形式，各有其特点和功能。信贷政策的直接目标是协调产业结构或经济结构，货币政策的主要任务则是总量控制。赵效民（1990）提出，中央银行应按照国家规定的产业发展序列，通过实行信贷倾斜和差别利率调节，优化信贷结构，促进产业结构的合理调整。宋海林（1997）认为，信贷政策的目标是调整信贷结构，通过调整信贷杠杆，可以促进产业结构合理化。蒋鹏飞（2006）提出，信贷政策是弥补市场缺陷并解决结构问题的重要手段。简锦恩（2007）认为，信贷政策能够优化货币信贷资源配置，化解货币信贷的总量矛盾和结构矛盾，应当构建"窗口指导＋市场机制"的信贷政策实施模式。张庆防（2010）表明，信贷收支作为货币政策传导主渠道的作用正在弱化，而作为信贷政策的传导渠道的作用有所加强。

信贷渠道对投融资的影响方面，陈冬华等（2010）发现，受国家宏观产业政策鼓励的公司拥有更多的外部融资机会，其受到的融资约束弱于其他行业，因而能够通过市场募集到更多的资金。Chen and Yeung（2011）认为，国家产业政策会显著影响企业的财务政策选择，国家支持的产业相比其他产业更易得到融资机会，IPO成本和银行贷款成本也更低。

三、汇率政策对高管财务决策的影响

1. 汇率波动对利率政策经济效果的影响

利率调节通过影响各种经济因素传递到经济增长，这也意味着汇率波动可能会影响预期的利率政策经济绩效。Aghion et al.（2000，2003）和 Rajan（2007）通过改进均衡模型，建立汇率波动、利率及宏观产出之间的联系，并说明汇率波动对于利率政策经济绩效的影响机制。苏应蓉和李楠（2014）借鉴上述改进模型，发现了利率政策主要通过四个渠道——市场利率调节渠道、资产价格渠道、预期渠道和汇率渠道影响总需求，汇率政策会对其他三个渠道产生影响，从而影响利率政策的经济效果。Burnside et al.（2000）的分析结果表明，货币贬值会造成直接借入外债的企业资产负债状况恶化。Romain et al.（2010）研究发现，如果人们相信在货币错配下政府会担保以进行注资或采取稳定的汇率政策，则借贷双方的利率索取中并不包含这种风险溢价。麦金农和施纳布尔（2009）认为，即使不考虑对本币升值的单向预期，仅是汇率的随机波动就有可能侵吞资本运行良好的银行净资产。Stiglitz（2004）、Monsor（2006）和 Mbutor（2010）都强调了汇率变动会通过股票、债券与房地产市场等间接影响银行借款，从而对一国的投融资产生影响，因此，即使利率水平本身不受汇率波动影响，资产价格仍会通过汇率波动所引发的银行流动性效应影响利率政策的最终目标。

2. 汇率波动对企业研发投入的影响

目前对于汇率变化如何影响企业研发、创新的研究仍不充分，主要研究成果包括：Zietz and Fayissa（1994）通过对美国制造企业的面板数据进行研究，发现当美元升值时，研发强度较高的产业中的企业会通过增加研发支出来应对，而研发强度较低的行业中的企业则不会。Funk（2003）的研究表明，在美元贬值时，进口竞争的加剧会降低美国国内制造企业的研发努力，而拥有海外市场的企业面对实际汇率贬值会加大研发力度。Tang（2009）的实证研究认为，本币升值带来的竞争压力会促使企业采纳新技术以提高生产率，在市场集中度较高的出口行业中，这一效应尤为显著。

国内研究对本币升值持负面评价的有熊广勤和刘庆玉（2008）、金璐（2009）等，他们的研究都认为汇率升值将使国内企业的研发投资下降，边际成本增加，不利于本国经济增长。莫涛（2007a，2007b）却发现，人民币升值总体上有助于提高全要素生产率，从而提高我国出口产品附加值，推进我国经济增长方式转型和出口产业结构调整。刘沁清（2007a，2007b）也发现，合理的人民币升值幅度能够提升企业的全要素生产率。

四、金融政策预期对高管财务决策的影响

金融政策对企业投融资行为的影响主要通过两方面的机制表现出来：一是通过金融市场或金融中介的传导，间接影响微观企业的投资和融资行为；二是通过直接影响微观经济主体的预期，从而影响具体的投资和融资决策，进而产生一定的政策效果（徐亚平，2009）。金融政策预期可以分为非理性预期和理性预期。Muth（1961）首次引入理性预期概念，认为经济主体会利用一切可以得到的信息以对未来做出最佳预测。Lucas（1973）将理性预期的假设引入政策分析，随后 Sargent and Wallace（1975）通过把政策分成预期到的与未预期到的，发现只有预料之外的货币政策才对实际产出有影响，提出了货币政策的无效性命题（PIP）。Barro（1977）的实证检验支持了这一命题。但 Mishkin（1982）发现，预期到的与未预期到的货币政策对实际产出都有影响，之后的实证检验有接受也有拒绝 PIP 的。对中国的实证分析显示，货币供给的冲击，不管是预期到的还是未预期到的，对产出的影响均非中性（黄先开和邓述慧，2000；陆军和舒元，2002）。

对货币政策的具体预期包括流动性预期、通货膨胀预期、利率预期、汇率预期以及经济前景预期。根据费雪效应，名义利率等于实际利率与预期通胀率之和（Fisher，1930），在价格非完全弹性情况下，微观经济主体的通胀预期增加，意味着实际利率下降，因而会增加投资。同时，预期通胀还会影响企业的现金持有行为（Keynes，1936；Custodio et al.，2005）。我国的通胀预期主要是适应性预期（陈彦斌（2008）；范爱军和韩青（2009）研究发现，通胀预期冲击对我国实体经济的影响很大，超过了通胀本身（姚余栋和谭海鸣，2013）。

当央行改变基准利率时，货币政策效力的发挥也受到预期的影响。因此，央行会使用政策承诺或前瞻引导行为来影响公众预期（卢蕾蕾和李良松，2014；曾刚和万志宏，2014），通过引导市场预期，提高货币政策效率。Woodford（2012）认为，前瞻指引是央行在宣布政策决定的同时，明确告知公众未来的政策走势。公众对未来经济状况的预期会对当前经济产生显著影响。Plosser（2013）指出了前瞻指引的两种作用渠道：一种是影响公众对未来经济前景的预期，这与 Woodford（2012）的论述相似；另一种是提高公众通胀预期，在名义利率接近于零时，实际利率将下降，从而刺激总需求。经济前景的预期会通过多种渠道影响企业投资和流动资金需求（王义中和宋敏，2014）。

预期汇率变动会导致即期汇率的变动，即所谓预期的自我实现。丁志杰等（2009）的实证研究结果表明，人民币汇率具备向后看的适应性预期特征。中国人民银行的外汇市场干预活动显著影响汇率预期，从而间接影响了人民币汇率走势（杜晓蓉，2011）。郭妍等（2009）利用递归 VAR 模型检验结果表明，汇率预期主要通过货币替代效应、资产价格效应和进口价格效应发挥作用，对工业品出厂价格指数、消费者价格指数及货币供应量的影响都十分明显。范言慧等（2008）认为，人民币升值预期会对实际汇率（对贸易差额）的影响产生抑制作用，并刺激出口扩大和进口延迟。还有些研究放松了预期同质性假设，而基于经济主体的异质性，提出异质预期下的货币政策应重在预期管理，相机优于承诺（程均丽，2010）。

第六节　文献总结与评述

根据文献回顾可以看出，目前对高管财务决策的研究主要集中在高管个人特质方面与公司层面，且这些因素对高管财务决策（如研发投入、投资以及盈余管理等行为）的解释也并未得到统一的结论。

对于 R&D 行为影响因素的研究，学者们各执一词。对于受教育水平，普遍认为两者存在正相关关系（Becker，1970；Kimberly and Evanisko，1981），受教育水平越高的高管所管理的银行表现出越强的创新能力（Bantel and Jackson，1989）。但是，对于高管的工商管理教育背景与非工商管理教育背景是否会对公司的创新行为产生影响的研究，并没有发现两者存在明显的联系（Kimberly and Evanisko，1981）。对于任期因素，Laverty（1996）指出，由于 R&D 投资通常需要大量时间才能转化为收入，在短期内并不能给管理者带来业绩上的帮助，因此许多管理者对 R&D 投资较少。且当 CEO 即将退休时，这种行为更加明显（Dechow and Sloan，1991）。Casson（1999）则指出，较长的任期会鼓励 CEO 投资一些更长期的项目，如基础设施、R&D 等。Antia，Pantzalis and Park（2010）以 CEO 任期作为 CEO 决策视野的替代变量，研究了 CEO 的短视与公司价值的关系，发现 CEO 任期越短，公司代理成本越高，信息风险越大，公司价值也就越低，说明 CEO 任期越短，在投资选择时越倾向于选择那些能够快速获得回报的项目。但是也有研究指出，CEO 任期越长，他们就越会安于现状，采取新技术或者改进技术的意愿减弱（Hambrick，Geletkanycz and Fredrickson，1993）。

对于投资决策，Baber，Janakiraman and Kang（1996）通过对 1992—1993 年 1249 家美国上市公司 CEO 薪酬变化的研究，发现公司投资机会与高管薪酬和公司业绩之间的敏感性具有联系，高管薪酬和公司业绩之间联系越强，CEO 找到的投资机会也就越多。此外，由于高管薪酬大多与短期股价表现挂钩（Le Breton-Miller I and Miller，2005），导致管理层出现短视行为，如压缩成本及减少并购等能够带来短期效益的行为（Morck，Shleifer and Vishny，1990）。

对于盈余管理行为，其影响因素的研究结论各不相同。对于年龄因素，一般认为年长的管理者倾向于花大量的时间去找寻足够多的信息，并在经过深思熟虑之后再做出决策（Taylor，1975），因此，公司的财务报告质量相对较高（Huang，Rose-Green and Lee，2012）。但是，年轻的高管因为更加关注其在经理人市场上的声誉，其舞弊的可能性降低（Holmstrom，1999；Tadelis，2002；袁春生，吴永明和韩洪灵，2008）。性别方面，女性高管或者工作人员能降低公司盈余管理的可能性（Shawver，Bancroft and Sennetti，2006）和程度（Srinidhi，Gul and Tsui，2011），提高公司盈余质量（Krishnan and Parsons，2008）。但是，并非所有的女性高管都能对公司的盈余管理程度产生显著影响。通过检验高管性别与公司盈余管理之间的关系，Peni and Vähämaa（2010）将可操纵应计项目与公司高管性别进行回归分析，发现女性高管所采取的财务策略相对更为保守，性别因素对公司盈余管理行为确实有影响，但并未指出究竟是减少还是增加盈余管理。Ye，Zhang and Rezaee（2010）首次以中国上市公司为研究样本，对高管性别与公司盈余管理行为进行了检验，也没有得出确切的结论。工作经验方面，Xie，Davidson III and DaDalt（2003）指出，如果董事会和审计委员会的成员曾经有财务背景，由于他们了解盈余管理的手段以及盈余管理的危害，会有效地抑制盈余管理行为（Xie，Davidson III and DaDalt，2003）。但是，Dowdell and Krishnan（2004）根据越来越多的公司任命具有审计工作经验的人员担任公司重要职务的现象，选取了 172 家 CFO 具有审计工作经验的公司作为样本，通过对比发现，在有审计工作经验的 CFO 上任的头两年，公司的盈余管理程度明显较高，表明 CFO 的审计经验会帮助他们以更加隐蔽的方式进行盈余管理。

　　总的来说，现有研究对高管财务决策的解释并不完全，且鲜有研究涉及市场层面，如资本市场、产品市场以及媒体市场等。本书主要从资本市场中的分析师跟进、产品市场中的产品市场竞争以及媒体市场中的媒体报道三个角度探讨其对高管财务决策的影响，试图完成高管财务决策影响因素从个人特质、公司层面到市场层面的完整框架，并对现有因素无法解释的高管财务决策行为，如研发投入、投资以及盈余管理等提供新的解释。

第三章

分析师跟进、信息不对称 与高管财务决策

第一节　引　言

　　资本市场是如何影响实体经济的？这是一个值得探讨的问题。一般而言，完善、有效的资本市场能够提高资本配置效率、刺激创新以及投资的增长，与此同时，也会带来一些短期利益主义、机会主义以及寻租行为等，这些都会对高管的投资、R&D决策等产生影响。因此，资本市场如何影响公司高管的财务决策，如投资、融资、R&D等，是一个非常重要的问题，不仅因为高管的这些财务决策是经济增长的一大驱动力（Solow，1957），同时也因为资本市场是公司融资的重要来源（He and Tian，2013）。对此问题的理解需要深入探讨资本市场特有的因素对高管财务决策行为的影响。

　　作为资本市场的重要参与者，分析师扮演着重要的角色（Bushman，Piotroski and Smith，2005；Frankel，Kothari and Weber，2006；Bae，Stulz and Tan，2008；Givoly，Hayn and Lehavy，2009；薛祖云和王冲，2011）。首先，分析师拥有大量的信息获取渠道和专业的数据分析能力（胡奕明和林文雄，2005），能够根据公开的财务报告以及非公开的调查资料等提取财务报告的关键信息并挖掘内在信息（Kim and Verrecchia，1994；Barron，

Byard and Kim，2002），提供市场上尚未出现的消息等（Dempsey，1989；Shores，1990；Ivkovic and Jegadeesh，2004），从而降低上市公司和投资者之间的信息不对称（Lys and Sohn，1990；Frankel and Li，2004；潘越，戴亦一和林超群，2011），提高公司股价的信息含量和证券市场效率（朱红军，何贤杰和陶林，2007）。其次，分析师通过自己丰富的信息传播渠道，向媒体披露研究报告内容，并向投资者提供投资建议，影响投资者的投资决策（潘越，戴亦一和林超群，2011），促进资源的合理配置。最后，分析师跟进与预测也为其关注的公司提供了诸如盈余预测、股票推荐评级等绩效标准（He and Tian，2013）。

随着分析师市场的不断发展及其影响力不断增强，对于分析师的研究也逐渐丰富。总的来说，目前关于分析师预测的研究可以分为两类。

一类是分析师预测的相关文献，涉及分析师预测的准确性以及分析师预测的实用性。在分析师预测的准确性方面，首先是利用一系列方法对分析师的预测结果进行比较。第一种方法是与常用盈余预测方法对比，例如，Cragg and Malkeil（1968）通过比较分析师盈余预测和基于过去收益增长率的预测，发现无差异；Brown and Rozeff（1978）指出分析师平均盈余预测的准确性显著优于 Box and Jenkins 模型等三种时间序列预测模型；Collins and Hopwood（1980）采用季度数据对分析师盈余预测和几种时间序列预测模型进行了比较研究，指出分析师盈利预测的准确性优于基于历史盈余的统计预测模型；O'Brien（1988）比较了五种盈余预测，包括最新的分析师预测、分析师预测的均值、分析师预测的中位数以及四阶差分下的一阶自回归模型和四阶差分下的随机游走模型等两种时间序列预测模型，结果显示，三种分析师预测模型的预测偏差小于时间序列预测。总体来说，分析师预测相比其他预测模型更加准确。

第二种方法是基于价值相关性进行对比，如 Fried and Givoly（1982）发现，分析师平均预测误差与包含盈余公告期间在内的 12 个月股票累计超额收益率 CAR 之间的相关系数显著高于两种时间序列模型的预测误差与盈余公告期间股票 CAR 的相关系数；Brown，Griffin，Hagerman and Zmijewski（1987）指出，与其他四种时间序列预测模型相比，分析师预测与超额收益率 CAR 具有更高的关联度。

　　第三种方法是与实际值进行对比。此种方法包含两类理论假说，一类是利益关系假说，即分析师出于种种利益关系（如维护与上市公司管理层关系、维护与投行部门关系、职业考虑等）而高估盈余。例如，Francis and Philbrick（1993）指出，为了维持与公司管理层的关系，分析师有意识地发布偏向乐观的盈余预测，股票评级越负面，其偏差程度越大。Lim（2001）也认为，分析师的最优盈余预测是在其盈余期望值基础上的正偏差。如果涉及面临更不确定环境的公司（盈余不确定性大，或财务信息不透明）和建立管理层关系对其更为重要的分析师（来自小的区域性券商的分析师，或处于职业生涯初期的分析师），这种正偏差更为严重。Lin and McNichols（1998）指出，与非承销关系分析师相比，主承销商分析师对公司当前和下一年份的盈余预测并没有更乐观，但是对公司的增长预测和股票评级显著地更为有利。Michaely and Womack（1999）指出，一方面，证券分析师报酬的一个重要部分取决于他们对所在券商（投行）的公司融资业务的"帮助"；另一方面，分析师的外部声誉至少部分地取决于其股票评级推荐的质量，而外部声誉是决定分析师报酬的另一个重要因素。当分析师对与所在公司的融资业务有业务关系的公司股票做出评价时，这两个因素之间的冲突可能导致分析师的股票评级偏于乐观。Mikhail，Walther and Willis（1999）认为，分析师变换工作有三种原因：由于业绩差而被公司解职；预计到可能被解职而主动辞职；以及主动辞职以寻求更好的工作。其实证研究结果显示，分析师变换工作主要是由于前两种原因，而盈余预测的准确性是所在券商对分析师业绩的一个重要衡量指标。Hong，Kubik and Solomon（2000）指出，与有经验的分析师相比，缺乏经验的分析师盈余预测偏离一致预测的程度更小，更不可能率先发布预测，并且更频繁地更新预测，与基于声誉和职业考虑的羊群行为一致。Hong and

Kubik（2003）也发现，预测准确的分析师得到了回报，他们更可能从低层次经纪商转到高层次经纪商；控制了准确度后，提供较乐观预测的分析师可能会得到更好的工作；对于所在券商同时是所跟随公司主承销商的分析师而言，工作变换受预测准确度影响的敏感性下降，受预测乐观指数的正向影响则会上升。第二类是心理偏差假说，即分析师因为心理偏差所以高估盈余。De Bondt and Thaler（1990）认为，分析师盈余预测过于极端，即公司的实际盈余变化（在绝对值上）小于分析师预测的盈余变化。Elliott，Philbrick and Wiedman（1995）指出，分析师在根据新信息做出盈余预测更新时，低估了新信息的影响，虽然更新方向正确，但程度不够。此外，在分析师从年初到年终持续下调盈余预测的公司中，这种关系尤其显著。Easterwood and Nutt（1999）对 De Bondt and Thaler（1990）的研究进行深入分析，发现对于前一年度业绩表现差的组别（相应地提供的是负面信息），分析师的盈余预测反应不足；而对于前一年度业绩表现好的组别（相应地提供的是正面信息），分析师的盈余预测表现出反应过度。

在不断的比较研究中，学者们开始探讨影响分析师预测准确性的因素（胡奕明和林文雄，2005；岳衡和林小驰，2008；宋乐和张然，2010；伍燕然，潘可，胡松明和江婕，2012），包括分析师在盈余预测中的一致性（Chopra，1998），以及表现出来的高估盈余（Francis and Philbrick，1993；Easterwood and Nutt，1999）、低估负面消息（O'Brien，McNichol and Lin，2005；刘昶和修世宇，2008）等。在分析师预测的实用性，即分析师预测能否给使用者带来经济利益（吴东辉和薛祖云，2005）方面，包括根据分析师荐股进行交易（Lloyd-Davies and Canes，1978；Bjerring，Lakonishok and Vermaelen，1983）、利用分析师评级变化交易（Wormack，1996；Stickel，1995；Ivkovic and Jegadeesh，2004）、分析师的差别（Stickel，1992；Loh and Mian，2006），以及分析师预测的其他信息含量（Brav and Lehavy，2003；Asquith，Mikhail and Au，2005）等因素。

另一类是分析师跟进的研究。由于分析师的精力有限，以及出于成本等方面的考虑，分析师不可能对所有公司进行盈余预测并发布分析报告（Lang and Lundholm，1996），因此有必要了解分析师的行为方式（Kuperman，2003）。学者对分析师跟进的内在动因展开了激烈的讨论，例如，国外学者在机构持股比例和盈余波动率方面对分析师跟进的观点就分为正（Bhushan，1989）、反（O'Brien and Bhushan，1990；Lang and Lundholm，1996；Rock，Sedo and Willenborg，2000）两派。但是由于资本市场的发展及成熟程度不一致，新兴市场上分析师跟进的动因可能区别于发达国家（Chan and Hameed，2006）。在我国的资本市场，投资者保护是一大重任（李心丹，肖斌卿，王树华和刘玉灿，2006），管理层持股（刘晔和肖斌卿，2009）、公司多元化（蔡卫星和曾诚，2010）、投资者关系管理水平（王宇超，肖斌卿和李心丹，2012）等都被认为是影响分析师跟进的因素。

实际上，分析师跟进也有可能对高管财务决策产生影响。一方面，信息竞争假说指出，分析师跟进会提供市场上尚未出现的消息（Dempsey，1989；Shores，1990；Ivkovic and Jegadeesh，2004），提供较为准确的盈余预测，可能会对高管产生业绩压力（Fuller and Jensen，2002），造成高管的短视行为（Graham，Harvey and Rajgopal，2005）；另一方面，信息补充假说认为，分析师跟进会识别上市公司财务报告中的内在信息（Kim and Verrecchia，1994；Barron，Byard and Kim，2002；Xin，Dasgupta and Hilary，2006），帮助广大投资者解读高管的行为、公司的财务信息（Brav and Lehavy，2003；Asquith，Mikhail and Au，2005），减少信息不对称（Bhattacharya and Ritter，1983），从而对公司前景产生合理的预期。因此，本章主要研究分析师跟进能否对公司高管的财务决策，如 R&D、投资、盈余管理等决策产生影响。

本章其他部分安排如下：第二节通过理论分析得出本章的研究假设；第三节是研究设计，介绍本章样本和变量的选择以及模型设计；第四节是实证分析，对研究假设进行验证；第五节对本章的研究进行拓展；第六节对结果的稳健性进行检验；第七节给出研究结论。

第二节　理论分析与研究假设

一、分析师跟进与研发活动

与企业的其他日常经营活动不同，R&D 活动通常是长期的、复杂的（Kelm，Narayanan and Pinches，1995），且有很多的不确定性（Holmstrom，1989），从而影响了 R&D 活动在会计上的确认以及计量（Kothari，Laguerre and Leone，2002），导致企业向公众披露的财务报告忽略了大部分的 R&D 活动，存在严重的信息不对称（Bhattacharya and Ritter，1983），进一步造成投资者对公司前景的担忧以及带来公司被恶意收购的风险（Stein，1988）。为了降低上述风险，管理层在决策时通常会减少 R&D 活动的投入，转而将更多的精力和资金投入到那些能够快速且稳定获得收益的项目，从而造成了管理层的短视行为（He and Tian，2013）。

分析师作为资本市场的重要参与者，能够根据公开的财务报告以及非公开的调查资料等提取财务报告的关键信息并挖掘内在信息（Kim and Verrecchia，1994；Barron，Byard and Kim，2002）、提供市场上尚未出现的消息等（Dempsey，1989；Shores，1990；Ivkovic and Jegadeesh，2004），有效降低上市公司和投资者之间的信息不对称（Lys and Sohn，1990；Frankel and Li，2004；潘越，戴亦一和林超群，2011；He and Tian，2013），帮助投资者理解、认识及正确地评估企业的 R&D 活动（Amir，Lev and Sougiannis，1999；Chan，Lakonishok and Sougiannis，2000；Barth，Kasznik and McNichols，2001；Kimbrough，2007；徐欣和唐清泉，2010）。与此同时，分析师跟进也能有效地抑制上市公司高管的道德风险，起到外部监督的作用（Yu，2008）。也就是说，如果分析师能够准确地向投资者传达公司的 R&D 活动信息并帮助投资者理解 R&D 活动的价值，那么公司高管的短视行为就会有所改观，也会乐意投资进行 R&D 活动。因此提出本章的第一个假设。

假设 3-1：分析师跟进能够降低信息不对称，减轻高管的短视行为，加大企业的 R&D 投入。

但是，分析师跟进在解决信息不对称问题的同时，经常会给高管带来一定的压力。众所周知，很多 R&D 活动最终都以失败告终，为了鼓励 R&D 活动，就必须承受一定的风险（Manso，2011）。但是，由于分析师通常针对短期盈余进行预测，并根据短期盈余预测进行股票推荐（Aggarwal，Mishra and Wilson，2010），当分析师认为公司近期盈余会下降时，就会调低预期、发布保留意见等，造成市场的负面反应以及对公司高管的惩罚等（Brennan，Jegadeesh and Swaminathan，1993；Hong，Lim and Stein，2000）。更为重要的是，公司高管通常认同分析师的预测，并且将分析师预测作为公司拟实现的目标（Fuller and Jensen，2002）。出于对个人财富、职业生涯以及声誉的考虑，越来越多的 CFO 声称他们愿意为了实现短期的目标而放弃提升公司价值的长期目标（Graham，Harvey and Rajgopal，2005）。R&D 活动的高风险以及长期性导致了公司高管通常会牺牲对 R&D 的投入（Bushee，1998）。由此提出本章假设 3-1 的备择假设。

假设 3-1A：分析师跟进会增加公司高管的压力，加重高管的短视行为，减少企业的 R&D 投入。

二、分析师跟进与投资

投资是企业成长和利润增长的源泉，由于信息不对称以及所有权和经营权分离所带来的代理问题（Jensen and Meckling，1976），上市公司高管通常会放弃一些长期能够盈利，但是短期内无收益的项目，或者大量投资于现金流为负的项目（Asker，Farre-Mensa and Ljungqvist，2011），使得企业的投资效率显著降低（Healy and Palepu，2001；Biddle and Hilary，

2006）。在我国的股权制度安排下，这种由信息不对称所带来的投资效率低下的问题尤其严重（潘敏和金岩，2003）。

　　分析师作为信息中介，除了扮演信息传递与解说的角色，还对公司高管起着一定的约束作用（张纯和吕伟，2009）。越来越多的研究表明，分析师跟进可以帮助获取更多的私有信息（Lang，Lins and Miller，2003），对财务报告的信息披露进行有效的补充（Barth，Kasznik and McNichols，2001）。跟进的分析师人数越多，可获取的信息含量也越多（Bhushan，1989；Shores，1990），从而减弱信息不对称问题（Easley and O'Hara，2004；Kimbrough，2007），抑制过度投资（张纯和吕伟，2009）。但是，分析师跟进同时也会给企业高管带来压力，为了能够与分析师预测保持一致（Fuller and Jensen，2002），会诱发一些影响公司价值的行为（Graham，Harvey and Rajgopal，2005）。由此提出本章的第二个假设及其备择假设。

　　假设3-2：分析师跟进能够对财务报告的信息进行补充和解释，降低信息不对称，提升企业的投资效率。

　　假设3-2A：分析师跟进会增加公司高管的压力，加重高管的短视行为，降低企业的投资效率。

三、分析师跟进与盈余管理

　　长期以来，上市公司的盈余管理行为屡见不鲜（刘峰，贺建刚，魏明海，2004），尤其是在股份全流通时代，高管盈余管理行为发生了明显变化，其手段更为隐蔽（仓勇涛，储一昀和戚真，2011），危害更为严重（吴林祥，2008）。与普通投资者相比，分析师拥有大量的信息获取渠道和专业的数据分析能力（胡奕明和林文雄，2005），能够根据公开的财务报告以及非公开的调查资料等提取财务报告的关键信息并挖掘内在信息（Kim and Verrecchia，1994；Barron，Byard and Kim，2002；Lang，Lins and Miller，2003），有效地识别出上市公司高管的盈余管理行为（Ball and Shivakumar，

2008；Yu，2008），并对高管财务决策产生一定的监督机制（Lang，Lins and Miller，2003），且这种监督机制随着跟进的分析师人数的增加而加强（Knyazeva，2007；Yu，2008；Chou，2010）。由此提出本章的第三个假设。

假设3-3：分析师跟进能够降低信息不对称，监督高管的行为，减少企业的盈余管理。

但是另一方面，迫于压力（Yu，2008），公司高管可能会努力地去迎合分析师预测（Fuller and Jensen，2002），尽量达到或超过分析师预测的目标（Degeorge，Ding，Jeanjean and Stolowy，2005），从而增加高管的盈余管理行为。因此提出假设3-3的备择假设。

假设3-3A：分析师跟进会增加公司高管的压力，增加企业的盈余管理行为。

第三节　研究设计

一、数据来源与样本选择

本章研究样本区间涵盖2005—2012年A股所有上市公司，数据主要要来源于WIND、CSMAR等数据库。其中，分析师跟进数据来源于CSMAR中国上市公司分析师预测研究数据库，上市公司高管数据、研发投入数据主要来源于WIND，其他财务数据主要来源于CSMAR，并作了如下处理：（1）删除财务状况异常的公司（如ST公司）；（2）剔除金融保险行业和综合业两个行业的公司；（3）剔除其他控制变量缺失的样本。最终得到2 943个观测值。

二、变量定义

1. 研发投入

关于研发投入（R&DtREV），有两种衡量方法：一种是传统的以财务报表中披露的研发支出，包括"支付的其他与经营活动有关的现金""待摊费用""开发支出"等作为研发投入的替代变量；另一种是以专利申请数量作为研发投入的替代变量（徐欣和唐清泉，2010；He and Tian，2013）。本书采用传统的方法来衡量研发投入，原因有二：（1）专利申请数量表示的是企业研发投入的阶段性成果，由于研发过程具有长期性和风险性（Kelm，Narayanan and Pinches，1995；Holmstrom，1989），许多研发投入最终并不能转化为成果，以专利申请数量作为研发投入的替代变量势必会产生偏差。（2）研发投入最终成果并不一定都会去申请专利，许多企业都存在大量的非专利技术以及未公开的技术等。为了便于研究，我们将研发支出以销售收入（REV）进行标准化处理（Lee and O'Neili，2003；刘运国和刘雯，2007）。

2. 投资效率

参照 Richardson（2006），投资效率（EFF_INV）是实际投资与预期投资的差额，即回归方程的残差值。其值大于零表示过度投资，小于零表示投资不足。其绝对值代表投资效率，数值越大，表示投资效率越低。具体计算公式为：

$$\text{INV}_{it} = \alpha + \beta_1 \text{TobinQ}_{i,t-1} + \beta_2 \text{LEV}_{i,t-1} + \beta_3 \text{CASH}_{i,t-1} + \beta_4 \text{AGE}_{i,t-1} +$$
$$\beta_5 \text{SIZE}_{i,t-1} + \beta_6 \text{RET}_{i,t-1} + \beta_7 \text{INV}_{i,t-1} + \text{IND} + \text{YEAR} + \varepsilon_{it}$$

$$(3\text{-}1)$$

$$\text{EFF\_INV}_{it} = \text{INV}_{it} - \text{Expected}(\text{INV}_{it})，当 \text{INV}_{it} > \text{Expected}(\text{INV}_{it}) 时$$

$$(3\text{-}2)$$

$$\text{EFF\_INV}_{it} = \text{Expected}(\text{INV}_{it}) - \text{INV}_{it}，当 \text{INV}_{it} < \text{Expected}(\text{INV}_{it}) 时$$

$$(3\text{-}3)$$

式中，INV_{it} 表示第 i 家公司第 t 年的投资支出，等于第 t 年购建固定资产、无形资产和其他长期资产所支付的现金与处置固定资产、无形资产和其他长期资产而收回的现金之差与总资产的比值；Tobin Q_{it} 表示第 i 家公司第 t 年的托宾 Q 值；LEV_{it} 表示第 i 家公司第 t 年的财务杠杆，等于负债除以总资产；$CASH_{it}$ 表示第 i 家公司第 t 年货币资金持有量，等于货币资金除以总资产；AGE 为上市公司的年龄；$SIZE_{it}$ 表示第 i 家公司第 t 年的总资产的自然对数；RET_{it} 表示第 i 家公司第 t 年的股票收益率；IND 和 YEAR 分别表示行业和年份虚拟变量。

3. 盈余管理

参照 Dechow，Sloan and Sweeney（1995）修正的 Jones 模型，盈余管理（E_MGT）为总应计利润与非可操纵应计利润之差，即回归方程的残差值。本书采用残差值的绝对值来衡量盈余管理程度。计算公式如下：

$$TACC_{it} = \alpha + \beta_1(1/TA_{i,t-1}) + \beta_2(\Delta REV_{i,t} - \Delta REC_{i,t})/TA_{i,t-1} +$$
$$\beta_3 PPE_{i,t}/TA_{i,t-1} + \varepsilon_{it} \tag{3-4}$$

式中，$TACC_{it}$ 表示第 i 家公司第 t 年总的应计利润，等于第 t 年公司净利润与经营活动现金流量的差额；TA_{it} 表示第 i 家公司第 t 年的总资产；ΔREV_{it} 表示第 i 家公司第 t 年的主营业务收入较上年的增长额；ΔREC_{it} 表示第 i 家公司第 t 年的应收账款较上年的增长额；PPE_{it} 表示第 i 家公司第 t 年厂房、设备等固定资产。

4. 分析师跟进

分析师跟进（ANA_CRG）以该股票每年跟踪的分析师人数为替代变量。由于多种不同的因素都会影响分析师跟进的最终选择（Skinner，1990；王宇超，肖斌卿和李心丹，2012），ΔANA_CRG 表示该股票分析师跟踪人数的变化。另外，由于分析师之间存在差别（Stickel，1992；Loh and Mian，2006），市场上对优秀分析师盈余预测的反应更为剧烈（Stickel，1992），因此如果该股票有明星分析师跟踪，则 STAR_ANA = 1，反之则为 0。

5. 控制变量

本书中所称的高管主要是指公司的董事、监事以及高级管理人员，包括董事长、副董事长、总经理、副总经理、董事会秘书等。衡量高管特质的指标包括高管年龄、高管任期以及高管受教育水平。具体如下：高管年龄（MGT_AGE）为上市公司高管的平均年龄；高管任期（MGT_TEN）为上市公司高管的平均任期长度；高管受教育水平（MGT_EDU）为上市公司高管的平均受教育水平，其中：1 = 中专及中专以下，2 = 大专，3 = 本科，4 = 硕士研究生，5 = 博士研究生及以上；高管持股比率（MGT_STOCK）为上市公司高管的持股比率，衡量公司因素。

其他控制变量如下：公司规模（SIZE）为上市公司总资产自然对数；财务杠杆（LEV）为上市公司负债与总资产的比值；资产收益率（ROA）为上市公司净利润与总资产的比值；账面市值比（BM）衡量上市公司成长性；机构持股（INSTITUTION）为上市公司机构持股比率；年龄（AGE）为上市公司上市年限。变量描述详见表 3-1。

表 3-1　　　　　　　　　　　　变量描述

变量代码	变量名称	计算方法	参考文献
被解释变量			
R&DtREV	研发投入	研发支出与销售收入的比值	Lee and O'Neili（2003）；刘运国和刘雯（2007）
EFF_INV	投资效率	根据公式（3-1）计算得出	Richardson（2006）
E_MGT	盈余管理	根据公式（3-4）计算得出	Dechow, Sloan and Sweeney（1995）
解释变量			
ANA_CRG	分析师跟进	分析师跟踪人数	徐欣和唐清泉（2010）；He and Tian（2013）
ΔANA_CRG	分析师跟进变化	分析师跟踪人数的变化	
STAR_ANA	明星分析师	存在明星分析师则取1，否则为0	
ANA_CRG_FREQ	分析师预测次数	分析师每年预测次数	He and Tian（2013）
INF_ASY	信息不对称	根据公式（3-8）计算得出	Amihud（2002）

续表

变量代码	变量名称	计算方法	参考文献
控制变量			
MGT_AGE	高管年龄	高管的平均年龄	He and Tian（2013）
MGT_TEN	高管任期	高管的平均任期	刘运国和刘雯（2007）
MGT_EDU	高管受教育水平	高管的平均受教育水平，其中：1＝中专及中专以下，2＝大专，3＝本科，4＝硕士研究生，5＝博士研究生	郭葆春和张丹（2013）
MGT_STOCK	高管持股比率	高管的持股比率	郭葆春和张丹（2013）
SIZE	公司规模	总资产自然对数	徐欣和唐清泉（2010）；He and Tian（2013）
LEV	财务杠杆	负债与总资产比值	徐欣和唐清泉（2010）；He and Tian（2013）
ROE	净资产收益率	净利润与所有者权益比值	He and Tian（2013）
BM	账面市值比	账面价值与市场价值比值	He and Tian（2013）
INSTITUTION	机构持股	机构持股比率	He and Tian（2013）
AGE	上市年龄	上市年限	He and Tian（2013）

三、模型设计

为了验证假设 3-1，构建模型如下：

$$R\&DtREV_t = \alpha + \beta ANA\_CRG_t + \gamma_1 MGT\_AGE_t + \gamma_2 MGT\_TEN_t +$$
$$\gamma_3 MGT\_EDU_t + \gamma_4 MGT\_STOCK_t + \gamma_5 SIZE_t + \gamma_6 LEV_t +$$
$$\gamma_7 ROE_t + \gamma_8 BM_t + \gamma_9 INSTITUTION_t + \varepsilon \qquad (3-5)$$

根据假设 3-1，如果 β 显著为正，则支持该假说，即分析师跟进能够减少信息不对称，减轻高管的短视行为，从而加大企业的 R&D 投入；反之则支持假设 3-1A。

为了验证假设 3-2，构建模型如下：

$$EFF\_INV_t = \alpha + \delta ANA\_CRG_t + \gamma_1 MGT\_AGE_t + \gamma_2 MGT\_TEN_t +$$
$$\gamma_3 MGT\_EDU_t + \gamma_4 MGT\_STOCK_t + \gamma_5 SIZE_t + \gamma_6 LEV_t +$$
$$\gamma_7 ROE_t + \gamma_8 BM_t + \gamma_9 INSTITUTION_t + \varepsilon \qquad (3-6)$$

根据假设 3-2，如果 δ 显著为负，则支持该假设，即分析师跟进能够对财务报告的信息进行补充和解释，降低信息不对称，提升企业的投资效率；反之则支持假设 3-2A。

为了验证假设 3-3，构建模型如下：

$$E\_MGT_t = \alpha + \lambda ANA\_CRG_t + \gamma_1 MGT\_AGE_t + \gamma_2 MGT\_TEN_t +$$
$$\gamma_3 MGT\_EDU_t + \gamma_4 MGT\_STOCK_t + \gamma_5 SIZE_t + \gamma_6 LEV_t +$$
$$\gamma_7 ROE_t + \gamma_8 BM_t + \gamma_9 INSTITUTION_t + \varepsilon \qquad (3-7)$$

根据假设 3-3，如果 λ 显著为负，则支持该假设，即分析师跟进能够降低信息不对称，监督高管的行为，减少企业的盈余管理；反之则支持假设 3-3A。

第四节　实证分析

一、描述性统计

表 3-2（a）列出了主要变量的描述性统计，其中研发支出（R&DtREV）的中位数仅为 0.085 7，远低于平均水平 0.181 9，也就是说，研发支出存在左偏差，大部分企业研发投入较小，少数企业在研发方面投入较大，其标准差为 1.997 7 也证明了不同企业的研发政策差异较大。由于分析师的精力有限，加上出于成本等方面的考虑，分析师不可能对所有公司进行盈余预测并发布分析报告（Lang and Lundholm，1996），分析师跟进（ANA_CRG）方差较大，显示了不同企业对分析师的吸引力有所不同。

在表3-2（b）中，分析师预测（ANA_CRG）与研发投入（R&DtREV）之间的相关性系数为0.028 4，且在10%的显著性水平上显著，基本支持了假设3-1，即分析师跟进能够减少信息不对称，减轻高管的短视行为，从而加大企业的R&D投入。分析师预测（ANA_CRG）与投资效率（EFF_INV）之间的相关性系数为0.055 6，支持了假设3-2A，即分析师跟进会增加公司高管的压力，加重高管的短视行为，降低企业的投资效率，但是并不显著，需要进一步验证才能得出确切结论。分析师预测（R&DtREV）与盈余管理（E_MGT）之间的相关性系数为－0.002 5，且在1%的显著性水平上显著，基本支持假设3-3，即分析师跟进能够降低信息不对称，监督高管的行为，减少企业的盈余管理。其他控制变量的相关性系数基本与前人研究保持一致，说明了控制变量选取和衡量的有效性。此外，从相关性系数的值来看，多重共线性的现象并不存在。但是由于单变量分析并未考虑到其他因素的影响，因此其结果并不具有较强的说服力，需要通过多元回归分析来进一步验证。

表3-2　　　　　　　　主要变量描述性统计及相关性分析

（a）Panel A 描述性统计

Variable	N	MEAN	MEDIAN	STD	Q1	Q3
R&DtREV	2 943	0. 181 9	0. 085 7	1. 997 7	0. 049 1	0. 147 0
EFF_INV	2 943	0. 041 9	0. 031 5	0. 041 1	0. 014 6	0. 054 1
E_MGT	2 943	0. 312 5	0. 217 6	0. 972 2	0. 105 0	0. 370 9
ANA_CRG	2 943	9. 793 7	6. 000 0	9. 576 6	2. 000 0	14. 000 0
MGT_AGE	2 943	47. 601 9	47. 538 5	3. 714 0	45. 352 9	49. 625 0
MGT_EDU	2 943	3. 436 0	3. 421 1	0. 592 7	3. 000 0	3. 736 8
MGT_TEN	2 943	3. 070 1	2. 956 5	0. 817 0	2. 772 7	3. 000 0
MGT_STOCK	2 943	0. 071 6	0. 000 0	0. 160 4	0. 000 0	0. 024 0
SIZE	2 943	21. 759 1	21. 602 5	1. 161 9	20. 918 4	22. 455 4
LEV	2 943	0. 448 3	0. 456 9	0. 214 2	0. 286 9	0. 616 2
ROE	2 943	0. 087 9	0. 088 9	0. 194 4	0. 049 3	0. 140 6
BM	2 943	0. 655 0	0. 644 9	0. 274 3	0. 448 8	0. 839 8
INSTITUTION	2 943	0. 374 3	0. 364 7	0. 234 2	0. 179 5	0. 553 8
AGE	2 943	7. 369 0	7. 000 0	5. 332 1	2. 000 0	12. 000 0

（b）Panel B 相关性分析

	R&DtREV	EFF_INV	E_MGT	ANA_CRG	MGT_AGE	MGT_EDU	MGT_TEN	MGT_STOCK
R&DtREV	1							
EFF_INV	-0.013 31	1						
E_MGT	-0.001 6	-0.006 8	1					
ANA_CRG	0.028 4*	0.055 6	-0.002 5***	1				
MGT_AGE	-0.037 6**	-0.000 4	0.013 3	0.068 8***	1			
MGT_EDU	0.024 3	-0.013 1	0.019 0	0.145 9***	-0.006 1	1		
MGT_TEN	-0.029 4	0.019 9	-0.000 6	0.025 9	0.172 1***	-0.026 5	1	
MGT_STOCK	-0.011 3	0.030 7*	-0.045 2**	0.015 1	-0.164 7***	-0.172 8***	0.035 9*	1
SIZE	-0.050 3***	0.042 2**	0.114 6***	0.403 9***	0.248 5***	0.232 9***	0.026 8	-0.265 2***
LEV	0.031 5*	0.003 4	0.083 1***	-0.036 8**	0.076 2***	0.125 7***	-0.034 8*	-0.360 1***
ROE	-0.274 3***	-0.014 9	0.050 8***	0.210 6***	-0.013 2	0.038 9**	-0.007 0	0.000 2
BM	-0.045 1**	0.037 7**	0.062 0***	-0.074 2***	0.109 6***	-0.012 2*	0.066 7***	0.029 4
INSTITUTION	-0.009 3	-0.002 6	0.020 7	0.410 3***	0.137 3***	0.145 2***	0.048 1***	-0.248 5***
AGE	0.038 8***	-0.096 5***	0.059 5***	-0.008 7	0.124 7***	0.218 0***	-0.018 7	-0.447 7***

续表

	SIZE	LEV	ROE	BM	INSTITUTION	AGE
R&DtREV						
EFF_INV						
E_MGT						
ANA_CRG						
MGT_AGE						
MGT_EDU						
MGT_TEN						
MGT_STOCK						
SIZE	1					
LEV	0.487 8***	1				
ROE	0.073 9***	-0.097 1***	1			
BM	0.458 6***	0.248 8***	-0.104 4***	1		
INSTITUTION	0.337 1***	0.155 3***	0.146 6***	-0.222 4***	1	
AGE	0.371 8***	0.455 6***	-0.008 6	0.033 8*	0.199 2***	1

注：***、**、*分别代表在1%、5%、10%的显著性水平上显著。

二、分析师跟进、信息不对称与研发投入

表 3-3 列示了分析师跟进与研发投入（R&DtREV）的回归结果。为了进一步验证高管个人特质等因素对研发活动的影响，Model 1 去掉分析师跟进（ANA_CRG）这个市场因素进行回归分析，发现高管个人特质因素，如高管年龄（MGT_AGE）、高管受教育水平（MGT_EDU）、高管任期（MGT_TEN）等仍不显著，进一步表明了高管个人特质因素不能够很好地解释公司的研发投入（R&DtREV）。

表 3-3　　　　　　分析师跟进、信息不对称与研发投入

Variable	Model 1	Model 2	Model 3
Intercept	2.555 9	3.073 5	3.716 1
	2.35 **	2.73 ***	3.08 ***
ANA_CRG		0.012 0	0.011 3
		2.39 **	2.24 **
MGT_AGE	− 0.014 2		− 0.013 2
	− 1.38		− 1.28
MGT_EDU	0.084 4		0.079 0
	1.32		1.23
MGT_TEN	− 0.076 8		− 0.076 3
	− 1.60		− 1.59
MGT_STOCK	0.033 5		− 0.029 9
	0.12		− 0.11
SIZE	− 0.054 7	− 0.126 1	− 0.124 1
	− 1.10	− 2.20 **	− 2.13 **
LEV	0.158 2	0.265 7	0.259 9
	0.69	1.14	1.11
ROE	− 2.953 4	− 2.995 8	− 2.997 4
	− 15.55 ***	− 15.70 ***	− 15.71 ***
BM	− 0.602 6	− 0.465 2	− 0.461 0
	− 2.91 ***	− 2.16 **	− 2.13 **
INSTITUTION	0.131 5	0.039 5	0.056 2

续表

Variable	Model 1	Model 2	Model 3
	0.69	0.21	0.29
AGE	0.007 9	0.012 2	0.011 3
	0.92	1.47	1.30
IND	YES	YES	YES
YEAR	YES	YES	YES
NO.	2 943	2 943	2 943
R^2	9.23%	9.18%	9.38%

注：＊＊＊、＊＊、＊分别代表在1%、5%、10%的显著性水平上显著。所有模型均控制了行业（IND）及年份（YEAR）虚拟变量。

Model 2 去掉高管个人特质因素以及公司层面因素重新进行回归，结果显示，分析师跟进（ANA_CRG）的系数为 0.012 0，且仍在 5% 的显著性水平上显著（t 值为 2.39），进一步支持了假设 3-1。其他变量结果与 Model 1 基本保持一致。

Model 3 是模型（3-5）的回归结果，分析师跟进（ANA_CRG）的回归系数为 0.011 3，在 5% 的显著性水平上显著（t 值为 2.24），这与假设 3-1 相一致，即分析师跟进能够减少信息不对称，减轻高管的短视行为，从而加大企业的 R&D 投入，支持了该假设。高管个人特质因素，如高管年龄（MGT_AGE）、高管受教育水平（MGT_EDU）、高管任期（MGT_TEN）等均不显著，表明了高管个人特质因素不能够很好地解释公司的研发投入（R&DtREV），也说明了为什么之前学者从高管个人特质出发，会得出截然不同的结论（Kimberly and Evanisko，1981；Dechow and Sloan，1991；Hambrick，Geletkanycz and Fredrickson，1993）。高管持股（MGT_STOCK）的回归结果也不显著，表明高管持股作为一种激励方式，可能会诱使高管采取一些保守的行为，减少研发投入等高风险的活动。公司规模（SIZE）与研发活动负相关，且在 5% 的显著性水平上显著（t 值为 –2.13），可能是由于规模大的公司大部分是国有企业，这类企业的研发活动效率较低所导致。另外，由于创新活动的可模仿性，大企业的研发可能很快被其他企业模仿，从而失去优势，因此大企业会放弃一些成本较高、风险较大的研发活动。

三、分析师跟进、信息不对称与投资效率

表3-4列示了分析师跟进与投资效率（EFF_INV）的回归结果。为了进一步验证高管个人特质等因素对研发活动的影响，Model 1去掉分析师跟进（ANA_CRG）这个市场因素进行回归分析，发现高管个人特质因素，如高管年龄（MGT_AGE）、高管受教育水平（MGT_EDU）、高管任期（MGT_TEN）等仍不显著，进一步表明了高管个人特质因素不能够很好地解释公司的投资效率（EFF_INV）。

表 3-4 　　　　　　　　分析师跟进、信息不对称与投资效率

Variable	Model 1	Model 2	Model 3
Intercept	− 0. 021 8	− 0. 009 1	− 0. 006 6
	− 1. 11	− 0. 45	− 0. 30
ANA_CRG		− 0. 000 2	− 0. 000 2
		− 1. 64	− 1. 67 *
MGT_AGE	− 0. 000 1		− 0. 000 1
	− 0. 59		− 0. 51
MGT_EDU	− 0. 000 8		− 0. 000 9
	− 0. 59		− 0. 67
MGT_TEN	0. 000 9		0. 000 9
	0. 98		0. 96
MGT_STOCK	− 0. 001 3		− 0. 002 4
	− 0. 24		− 0. 43
SIZE	0. 003 6	0. 002 6	0. 002 7
	3. 65 ***	2. 39 **	2. 47 **
LEV	0. 002 8	0. 004 8	0. 004 4
	0. 62	1. 03	0. 95
ROE	− 0. 004 6	− 0. 005 3	− 0. 005 3

续表

Variable	Model 1	Model 2	Model 3
	− 1. 16	− 1. 32	− 1. 33
BM	− 0. 001 4	0. 000 3	0. 000 0
	− 0. 39	0. 09	0. 00
INSTITUTION	− 0. 001 0	− 0. 002 2	− 0. 002 5
	− 0. 25	− 0. 55	− 0. 63
AGE	− 0. 001 1	− 0. 001 1	− 0. 001 1
	− 6. 29 ***	− 6. 28 ***	− 5. 99 ***
IND	YES	YES	YES
YEAR	YES	YES	YES
NO.	2 943	2 943	2 943
R^2	9. 19%	9. 94%	9. 99%

注：***、**、*分别代表在1%、5%、10%的显著性水平上显著。所有模型均控制了行业（IND）及年份（YEAR）虚拟变量。

　　Model 2 去掉高管个人特质因素及公司层面因素重新进行回归，结果显示，分析师跟进（ANA_CRG）的系数仍为 − 0. 000 2，虽然不显著，但是也基本支持了假设 3-2。其他变量结果与 Model 1 基本保持一致。

　　Model 3 是模型（3-6）的回归结果，分析师跟进（ANA_CRG）的回归系数为 − 0. 000 2，在 10% 的显著性水平上显著（t 值为 − 1. 67），这与假设 3-2 相一致，即分析师跟进能够对财务报告的信息进行补充和解释，降低信息不对称，提升企业的投资效率，支持了该假设。高管个人特质因素，如高管年龄（MGT_AGE）、高管受教育水平（MGT_EDU）、高管任期（MGT_TEN）等均不显著，表明了高管个人特质因素不能够很好地解释公司的投资效率（EFF_INV），也说明了为什么之前学者从高管个人特质出发，会得出截然不同的结论（Morck，Shleifer and Vishny，1990；Baber，Janakiraman and Kang，1996；Le Breton-Miller I and Miller，2005）。高管持股（MGT_STOCK）的回归结果也不显著，表明高管持股作为一种激励方式，可能对一些长期性的投资活动没有效果，更多地是体现在短期业绩上。公司规模（SIZE）与投资效率正相关，且在5%的显著性水平上显著（t值为2.47），可能是由于规模大的公司大部分是国有企业，这类企业的投资效率较低所导致。上市年限（AGE）与投资效率负相关，且在1%的显著性水平上显著（t值为－5.99），表明上市时间越长，投资经验越丰富，学习效应越强，企业的投资效率也就相对较高。

四、分析师跟进、信息不对称与盈余管理

表3-5列示了分析师跟进与盈余管理（E_MGT）的回归结果。为了进一步验证高管个人特质等因素对研发活动的影响，Model 1去掉分析师跟进（ANA_CRG）这个市场因素进行回归分析，发现高管个人特质因素，如高管年龄（MGT_AGE）、高管受教育水平（MGT_EDU）、高管任期（MGT_TEN）等仍不显著，进一步表明了高管个人特质因素不能够很好地解释公司的盈余管理（E_MGT）。

表 3-5　　　　　　　　　　分析师跟进、信息不对称与盈余管理

Variable	Model 1	Model 2	Model 3
Intercept	－ 1.064 2	－ 1.833 2	－ 1.670 4
	－ 1.94*	－ 3.23***	－ 2.75***
ANA_CRG		－ 0.006 0	－ 0.005 9
		－ 2.37**	－ 2.32**
MGT_AGE	－ 0.004 1		－ 0.004 7
	－ 0.79		－ 0.89
MGT_EDU	－ 0.022 1		－ 0.019 2
	－ 0.68		－ 0.59
MGT_TEN	0.015 8		0.015 5
	0.65		0.64
MGT_STOCK	－ 0.101 4		－ 0.068 3
	－ 0.74		－ 0.49
SIZE	0.064 3	0.096 0	0.100 6
	2.57**	3.33***	3.42***

续表

Variable	Model 1	Model 2	Model 3
LEV	0. 223 8	0. 181 9	0. 170 7
	1. 93*	1. 55	1. 45
ROE	0. 283 8	0. 308 3	0. 306 8
	2. 96***	3. 20***	3. 19***
BM	0. 076 1	0. 003 0	0. 002 1
	0. 73	0. 03	0. 02
INSTITUTION	− 0. 101 8	− 0. 057 9	− 0. 062 5
	− 1. 06	− 0. 61	− 0. 64
AGE	0. 001 3	− 0. 000 4	− 0. 000 5
	0. 31	− 0. 10	− 0. 10
IND	YES	YES	YES
YEAR	YES	YES	YES
NO.	2 943	2 943	2 943
R^2	12. 31%	12. 44%	12. 49%

注：***、**、*分别代表在1%、5%、10%的显著性水平上显著。所有模型均控制了行业（IND）及年份（YEAR）虚拟变量。

Model 2 去掉高管个人特质因素重新进行回归，结果显示，分析师跟进（ANA_CRG）的系数为 − 0. 006 0，仍在 5% 的显著性水平上显著（t 值为 − 2. 37），也基本支持了假设 3-3，其他变量结果与 Model 1 基本保持一致。

Model 3 是模型（3-7）的回归结果。分析师跟进（ANA_CRG）的回归系数为 − 0. 005 9，在 5% 的显著性水平上显著（t 值为 − 2. 32），这与假设3-3 相一致，即分析师跟进能够减少信息不对称，监督高管的行为，减少企业的盈余管理，支持了该假设。高管个人特质因素，如高管年龄（MGT_AGE）、高管受教育水平（MGT_EDU）、高管任期（MGT_TEN）等均不显著，表明了高管个人特质因素不能够很好地解释公司的盈余管理（E_MGT），也说明了为什么之前学者从高管个人特质出发，会得出截然不同的结论（Taylor，1975；Holmstrom，1999；Tadelis，2002；袁春生，吴

永明和韩洪灵，2008；Huang，Rose-Green and Lee，2012）。高管持股
（MGT_STOCK）的回归结果也不显著，表明高管持股作为一种激励方式，
对盈余管理行为并未产生大的影响。公司规模（SIZE）与盈余管理正相
关，且在1%的显著性水平上显著（*t*值为3.42），可能是由于规模大的公
司受关注的程度较高、业绩压力较大所致，抑或是由于大公司可供操控的
应计利润更多，为盈余管理提供了机会。这一点从净资产收益（ROE）与
盈余管理的显著正相关关系中可以看出（*t*值为3.19），表明公司盈利水平
越高，盈余管理的机会就越多，高管为了短期利益进行盈余管理的可能性
也就越大。

第五节　进一步分析

一、分析师跟进变化与高管财务决策

由于分析师的精力有限，加上出于成本等方面的考虑，分析师不可能
对所有公司进行盈余预测并发布分析报告（Lang and Lundholm，1996），
尤其是在中国资本市场发展尚未成熟的情况下，分析师跟进的选择可能受
不同因素影响（Chan and Hameed，2006），多种不同的因素都会影响分析
师跟进的最终选择（王宇超，肖斌卿和李心丹，2012）。通常来说，分析
师跟进人数的增加，表明该公司的信息将会被挖掘得更透彻，信息不对称
的程度也会更低（Skinner，1990），减轻高管的短视行为，从而加大企业
的R&D投入，提升企业的投资效率，监督高管的行为，减少企业的盈余
管理。

表3-6验证了以上假说。Model 1是分析师跟进变化与研发支出
（R&DtREV）的回归分析，其中分析师跟进变化（ΔANA_CRG）的回归系
数为0.001 0，在10%的显著性水平上显著（*t*值为1.70），这与上述假说

相一致,即分析师跟进的变化能够减少信息不对称,加大企业的 R&D 投入。

表 3-6 分析师跟进变化与高管财务决策

Variable	Model 1	Model 2	Model 3
Intercept	0.781 9	0.000 1	− 0.415 8
	2.88***	0.00	− 1.69*
ΔANA_CRG	0.001 0	− 0.000 7	− 0.001 9
	1.70*	− 1.14	− 2.42**
MGT_AGE	− 0.004 2	− 0.000 3	− 0.002 5
	− 1.63	− 1.45	− 1.06
MGT_EDU	0.019 7	− 0.000 6	− 0.016 2
	1.23	− 0.42	− 1.12
MGT_TEN	0.011 4	0.001 1	− 0.000 9
	0.96	1.04	− 0.08
MGT_STOCK	− 0.062 3	− 0.000 3	− 0.055 0
	− 0.94	− 0.05	− 0.91
SIZE	− 0.019 0	0.003 8	0.032 8
	− 1.53	3.53***	2.93***
LEV	− 0.140 6	0.006 8	0.199 7
	− 2.45**	1.36	3.84***
ROE	− 0.062 6	− 0.000 6	0.193 9
	− 1.10	− 0.12	3.78
BM	− 0.070 9	− 0.005 5	0.073 6
	− 1.38	− 1.24	1.58
INSTITUTION	− 0.026 5	− 0.003 9	0.031 9
	− 0.56	− 0.95	0.74
AGE	0.004 4	− 0.001 1	− 0.003 3
	2.07***	− 5.82***	− 1.70*
IND	YES	YES	YES
YEAR	YES	YES	YES
NO.	2 811	2 811	2 811
R^2	6.54%	4.74%	7.44%

注:***、**、*分别代表在1%、5%、10%的显著性水平上显著。所有模型均控制了行业(IND)及年份(YEAR)虚拟变量。

Model 2 是分析师跟进变化与投资效率（EFF_INV）的回归分析，其中分析师跟进变化（ΔANA_CRG）的回归系数为 −0.000 7，但是并不显著，并不能够明确分析师跟进变化对投资效率的影响，可能的原因是投资的长期性导致投资效率衡量的滞后性。

Model 3 是分析师跟进变化与盈余管理（E_MGT）的回归分析，其中分析师跟进变化（ΔANA_CRG）的回归系数为 −0.001 9，在 5% 的显著性水平上显著（t 值为 −2.42），这与上述假说相一致，即分析师跟进的变化能够减少信息不对称，监督高管的行为，减少企业的盈余管理。其他控制变量的结果基本与之前研究保持一致。

二、明星分析师跟进与高管财务决策

随着分析师队伍的不断壮大，越来越多的研究发现，分析师之间存在差别（Stickel，1992；Loh and Mian，2006）。出于声誉的考虑，分析师在盈余预测上可能表现出一定的羊群行为（Hong，Kubik and Solomon，2000）。一般来说，优秀的分析师通常会得到更多的工作机会和更好的发展前景（Hong and Kubik，2003），而且市场上对优秀分析师盈余预测的反应更为剧烈（Stickel，1992）。也就是说，明星分析师的跟进会更好地解读上市公司的信息，缓解信息不对称行为。

为了验证以上假说，通过增加明星分析师（STAR_ANA）虚拟变量以及明星分析师与分析师跟进的交乘项（STAR_ANA_CRG）进行回归分析。表 3-7 列示了回归结果。Model 1 是明星分析师跟进与研发支出（R&DtREV）的回归分析；Model 2 是明星分析师跟进变化与投资效率（EFF_INV）的回归分析；Model 3 是明星分析师跟进变化与盈余管理（E_MGT）的回归分析。

表 3-7 　　　　　　　　　　　　明星分析师跟进变化与高管财务决策

Variable	Model 1	Model 2	Model 3
Intercept	3.733 8	0.013 3	− 1.615 8
	3.09***	0.52	− 2.65***
ANA_CRG	0.012 1	− 0.000 1	− 0.003 5
	1.23	− 0.30	− 0.70
STAR_ANA	− 0.001 7	0.000 2	− 0.005 2
	− 0.16	0.96	− 0.98
STAR_ANA_CRG	0.033 6	− 0.000 2	0.103 5
	0.27	− 0.07	1.64
MGT_AGE	− 0.013 0	− 0.000 3	− 0.004 2
	− 1.26	− 1.21	− 0.81
MGT_EDU	0.078 2	− 0.000 3	− 0.021 5
	1.22	− 0.24	− 0.66
MGT_TEN	− 0.076 3	0.001 0	0.015 7
	− 1.59	1.03	0.65
MGT_STOCK	− 0.033 3	− 0.000 7	− 0.078 8
	− 0.12	− 0.12	− 0.57
SIZE	− 0.125 8	0.002 9	0.095 5
	− 2.14**	2.32**	3.22***
LEV	0.263 3	0.007 2	0.181 1
	1.12	1.45	1.53
ROE	− 2.999 5	− 0.002 9	0.300 3
	− 15.70***	− 0.73	3.11***
BM	− 0.460 7	− 0.004 5	0.003 1
	− 2.13**	− 0.98	0.03
INSTITUTION	0.051 4	− 0.004 2	− 0.077 1
	0.27	− 1.03	− 0.79
AGE	0.011 5	− 0.001 0	0.000 1
	1.31	− 5.58***	0.03
IND	YES	YES	YES
YEAR	YES	YES	YES
NO.	2 811	2 811	2 811
R^2	9.39%	4.58%	7.59%

　　注：***、**、*分别代表在1%、5%、10%的显著性水平上显著。所有模型均控制了行业（IND）及年份（YEAR）虚拟变量。

从表中可以看出，在加入了明星分析师（STAR_ANA）虚拟变量以及明星分析师与分析师跟进的交乘项（STAR_ANA_CRG）之后，结果都不显著，这说明明星分析师并不能够更好地识别公司的信息，帮助减少信息不对称。在美国，分析师的行为受到严格的监管以及证券法律和规章的约束，如2000年的Reg FD（2000 Regulation Fair Disclosure）、2002年的NASD第2711条规则（2002 National Association of Securities Dealers Rule 2711）以及2003年的GRAS（2003 Global Research Analyst Settlement）。国内的行业分析师群体还不够成熟，影响力远不如西方的知名行业分析师对行业的影响那么大。也可能是国内明星分析师的评比不能够很好地反映其对公司财务信息的解读能力，导致明星分析师的评比结果有失公允。

第六节　稳健性检验

一、分析师跟进替代变量

由于大部分分析师每年都会对其所跟进的公司发布多个盈余预测报告（He and Tian, 2013），因此采用分析师盈余预测的次数（ANA_CRG_FREQ）作为分析师跟进（ANA_CRG）的替代变量。分析师盈余预测的次数（ANA_CRG_FREQ）是指当年所有有关该上市公司的盈余预测报告数量，数据来源于CSMAR中国上市公司分析师预测研究数据库。

表3-8列出了回归结果。Model 1至Model 3分别是分析师盈余预测的次数（ANA_CRG_FREQ）与研发支出（R&DtREV）、投资效率（EFF_INV）、盈余管理（E_MGT）的回归结果。可以看出，除了投资效率之外，研发支出和盈余管理行为都能得到很好的解释，均在5%的显著性水平上显著（t值分别为2.42和-2.07），表明分析师跟进将挖掘更多的内部信息，信息不对称的程度也会降低（Skinner, 1990），从而减轻高管的短视

行为，加大企业的 R&D 投入，监督高管的行为，减少企业的盈余管理，基本支持假设 3-1 和假设 3-3。投资效率不显著可能是因为投资的长期性使得投资效率的衡量带有滞后性。

表 3-8   分析师跟进与高管财务决策：替代变量

Variable	Model 1	Model 2	Model 3
Intercept	3.601 3	0.011 6	− 1.538 3
	3.06***	0.47	− 2.58***
ANA_ CRG_ FREQ	0.002 1	0.000 0	− 0.000 9
	2.31**	1.31	− 2.07**
MGT_ AGE	− 0.013 2	− 0.000 3	− 0.004 6
	− 1.28	− 1.23	− 0.88
MGT_ EDU	0.079 0	− 0.000 3	− 0.019 6
	1.23	− 0.23	− 0.61
MGT_ TEN	− 0.076 1	0.001 1	0.015 4
	− 1.59	1.04	0.64
MGT_ STOCK	− 0.034 7	− 0.000 8	− 0.070 5
	− 0.13	− 0.15	− 0.51
SIZE	− 0.119 5	0.002 9	0.093 7
	− 2.10**	2.45**	3.26***
LEV	0.254 1	0.006 9	0.180 3
	1.09	1.41	1.53
ROE	− 2.995 3	− 0.003 0	0.302 8
	− 15.71***	− 0.76	3.15***
BM	− 0.461 3	− 0.004 4	0.012 0
	− 2.14	− 0.97	0.11
INSTITUTION	0.057 1	− 0.004 2	− 0.068 1
	0.30	− 1.04	− 0.70
AGE	0.011 1	− 0.001 0	− 0.000 1
	1.28	− 5.56***	− 0.03
IND	YES	YES	YES
YEAR	YES	YES	YES
NO.	2 931	2 931	2 931
R^2	9.39%	4.52%	7.46%

注：***、**、*分别代表在1%、5%、10%的显著性水平上显著。Model 1 是分析师跟进替代变量与研发支出的回归结果；Model 2 是分析师跟进替代变量与投资效率的回归结果；Model 3 分析师跟进替代变量与盈余管理的回归结果。所有模型均控制了行业（IND）及年份（YEAR）虚拟变量。

二、信息不对称分组检验

信息假说认为，分析师跟进能够挖掘更多的企业内部信息，降低信息不对称的程度（Skinner，1990），减轻高管的短视行为，加大企业的 R&D 投入，提高投资效率，监督高管的行为，减少企业的盈余管理。为了进一步验证信息假说的合理性，本书根据信息不对称（INF_ASY）维度将企业分为四组，考察信息不对称程度低组和高组之间信息不对称的作用。如果信息假说真的成立，那么在信息不对称程度低的组中，分析师跟进（ANA_CRG）应该不显著；在信息不对称程度高的组，分析师跟进（ANA_CRG）应该显著。信息不对称的衡量参照 Amihud（2002）的 ILL 指标，具体计算公式为：

$$\text{ILL}_{it} = \frac{1}{\text{Day}_{it}} \sum_{K=1}^{D_{it}} \sqrt{\frac{|R_{it}(K)|}{V_{it}(K)}} \tag{3-8}$$

其中 Day_{it} 为该股票当年的交易天数，$R_{it}(K)$ 为股票当年第 K 天的收益率，$V_{it}(K)$ 为股票当年第 K 天的成交量，数据来源于 CSMAR 中国股票市场交易数据库。

表 3-9 列出了回归结果。信息不对称程度低的一组中，Model 1 是分析师跟进与研发支出的回归结果；Model 2 是分析师跟进变化与投资效率的回归结果；Model 3 是分析师跟进变化与盈余管理的回归结果。信息不对称程度高的一组中，Model 4 是分析师跟进与研发支出的回归结果，Model 5 是分析师跟进变化与投资效率的回归结果，Model 6 是分析师跟进变化与盈余管理的回归结果。

表 3-9　　　分析师跟进与高管财务决策：信息不对称分组检验

Variable	Model 1	Model 2	Model 3	Model 4	Model 5	Model 6
Intercept	0.646 7	− 0.080 9	− 0.550 5	0.094 9	− 0.716 9	0.233 4
	1.32	− 1.49	− 1.21	1.49	− 1.42	0.45
ANA_ CRG	− 0.001 3	− 0.000 1	0.000 9	0.000 2	− 0.002 1	− 0.003 9

续表

Variable	Model 1	Model 2	Model 3	Model 4	Model 5	Model 6
	-0.57	-0.73	0.65	1.74^*	-1.88^*	-2.44^{**}
MGT_ AGE	$-0.005\,7$	$-0.000\,3$	$-0.009\,3$	$-0.000\,4$	$0.002\,7$	$-0.008\,3$
	-1.97^{**}	-0.74	-2.38^{**}	-0.98	0.90	-1.84^*
MGT_ EDU	$0.003\,8$	$0.001\,6$	$-0.008\,6$	$-0.000\,7$	$-0.019\,1$	$0.010\,3$
	0.18	0.62	-0.39	-0.25	-0.89	0.41
MGT_ TEN	$-0.001\,6$	$0.001\,5$	$0.002\,4$	$-0.000\,1$	$-0.002\,6$	$0.010\,8$
	-0.11	0.65	0.13	-0.06	-0.18	0.50
MGT_ STOCK	$-0.029\,2$	$0.003\,8$	$-0.049\,8$	$-0.008\,3$	$-0.036\,6$	$-0.248\,0$
	-0.42	0.18	-0.27	-0.92	-0.51	-1.19
SIZE	$-0.003\,5$	$0.006\,8$	$0.048\,7$	$-0.002\,1$	$0.052\,9$	$0.025\,4$
	-0.15	2.62^{***}	2.24^{**}	-0.66	2.11^{**}	1.02
LEV	$-0.378\,3$	$-0.000\,1$	$0.124\,0$	$0.007\,5$	$0.032\,7$	$0.013\,1$
	-4.93^{***}	-0.01	1.52	0.75	0.41	0.14
ROE	$-0.052\,3$	$-0.000\,4$	$0.045\,4$	$-0.008\,8$	$0.121\,2$	$-0.020\,5$
	-0.97	-0.06	0.93	-1.25	2.17^{**}	-0.37
BM	$-0.141\,4$	$-0.003\,2$	$0.052\,6$	$0.006\,3$	$-0.033\,9$	$-0.156\,1$
	-1.85^*	-0.33	0.64	0.64	-0.43	-1.66^*
INSTITUTION	$0.057\,0$	$-0.005\,9$	$0.134\,7$	$-0.005\,8$	$-0.065\,1$	$-0.061\,7$
	0.87	-0.69	1.90^*	-0.68	-0.96	-0.76
AGE	$0.008\,6$	$-0.001\,5$	$-0.001\,8$	$-0.000\,3$	$0.002\,5$	$-0:003\,6$
	2.72^{***}	-3.92^{***}	-0.57	-0.82	0.78	-0.99
IND	YES	YES	YES	YES	YES	YES
YEAR	YES	YES	YES	YES	YES	YES
NO.	735	735	735	728	728	728
R^2	11.85%	9.82%	12.98%	19.18%	5.19%	18.99%

注：***、**、* 分别代表在 1%、5%、10% 的显著性水平上显著。所有模型均控制了行业（IND）及年份（YEAR）虚拟变量。

从表中可以看出，在信息不对称程度低的一组，分析师跟进（ANA_CRG）与研发支出（R&DtREV）、投资效率（EFF_INV）、盈余管理（E_MGT）的回归结果均不显著，说明在信息不对称程度低的公司中，分析师跟进很难再挖掘更深层次的信息，分析师跟进的信息假说成立。相反，在信息不对称程度高的一组，分析师跟进（ANA＿CRG）与研发支出（R&DtREV）、投资效率（EFF_INV）、盈余管理（E_MGT）的回归系数分别为 0.000 2、－0.002 1 和－0.003 9，且均在 10% 的显著性水平上显著（*t* 值分别为 1.74、－1.88 和－2.44），表明在信息不对称程度较高的公司，分析师跟进将挖掘更多的内部信息，信息不对称的程度也会更低，从而减轻高管的短视行为，加大企业的 R&D 投入，提高企业投资效率，监督高管的行为，减少企业的盈余管理，基本支持假设 3-1、假设 3-2 和假设 3-3。

第七节　本章小结

资本市场是如何影响实体经济的？这是本章探讨的一个关键性问题。分析师作为资本市场的重要参与者，扮演着重要的角色（Bushman, Piotroski and Smith, 2005；Frankel, Kothari and Weber, 2006；Bae, Stulz and Tan, 2008；Givoly, Hayn and Lehavy, 2009；薛祖云和王冲, 2011），并且分析师跟进也有可能对高管财务决策产生影响。本章主要研究分析师跟进是否能够对公司高管财务决策，如 R&D、投资、盈余管理等决策产生影响。

通过对 2005—2012 年 A 股所有上市公司的实证研究发现：（1）分析师能够准确地向投资者传达公司的 R&D 活动并帮助投资者理解 R&D 活动的价值，降低信息不对称，从而减轻高管的短视行为，加大企业的 R&D 投入。（2）分析师跟进可以帮助获取更多的私有信息（Lang, Lins and Miller, 2003），对财务报告的信息披露进行有效的补充（Barth, Kasznik and McNichols, 2001），且分析师跟进的人数越多，可获取的信息含量也越多（Bhushan, 1989；Shores, 1990），从而减弱信息不对称的问题（Easley and O'Hara，2004；Kimbrough，2007），抑制过度投资（张纯和吕伟，2009），提升企业的投资效率。（3）与普通投资者相比，分析师拥有大量的信息获取渠道和专业的数据分析能力（胡奕明和林文雄，2005），能够根据公开的财务报告以及非公开的调查资料等提取财务报告的关键信息并挖掘内在信息（Kim and Verrecchia，1994；Barron，Byard and Kim，2002；Lang，Lins and Miller，2003），有效地识别出上市公司高管的盈余管理行为（Ball and Shivakumar，2008；Yu，2008），并对高管财务决策产生一定的监督机制（Lang，Lins and Miller，2003），减少企业的盈余管理行为。

进一步的研究发现，分析师跟进变化能够减少信息不对称，加大企业的 R&D 投入，监督高管的行为，减少企业的盈余管理，基本支持了信息假说，但是对投资效率的解释力度不够。此外，并没有发现明星分析师能够更好地识别公司的信息，帮助减少信息不对称。最后，使用分析师跟进替代变量以及根据信息不对称程度分组进行稳健性检验，以上结果均保持不变。说明资本市场因素确实能够影响实体经济，在投资者保护程度不高的情况下，提高分析师行业的能力有助于帮助缓解信息不对称，进而保护中小投资者。

第四章

产品市场竞争、声誉机制与高管财务决策

第一节 引 言

竞争是现代市场的一个主要特征（Nalebuff and Stiglitz, 1983）。随着我国国有企业改革的不断进行，进入壁垒逐渐降低，加上国际化竞争不断进入，中国工业化进程也取得了飞速发展（金碚，2012），各个产业均发生了从垄断向竞争的重大转变（简泽，2011）。

竞争究竟是好是坏，学者们看法不一。有学者认为，垄断是良好管理的障碍（Smith, 1976），企业间的竞争会给高管带来更强的激励（Hart, 1983），竞争有助于降低成本（Nickell, 1996；Raith, 2003）、减少偷懒行为（Schmidt, 1997）、促进资源的合理分配，甚至刺激创新。但是也有学者指出，产品市场竞争增加了企业的风险（Nalebuff and Stiglitz, 1983），导致利润的下降，减少了降低成本或者增加需求的边际收益，从而导致高管的努力不能很好地体现出来（Nickell, 1996；Schmidt, 1997；Raith, 2003），而且有时候高管当下的努力并不一定立刻就能反映出来（Meyer and Vicker, 1997），这样对于更看重现金激励的高管来说，过多的竞争甚至会导致其偷懒（Scharfstein, 1988）。

关于产品市场竞争在财务方面的研究，涉及公司行为（Hart, 1983；

Nickell，1996）与资本市场表现（Hou and Robinson（2006）。在关于公司行为的传统研究中，对产品市场竞争的研究关注更多的是企业的盈利能力，而很少涉及效率和生产率方面（Nickell，1996）。通过对英国制造业的 670 家公司进行研究，Nickell（1996）发现，竞争能够提高公司绩效，并且随着竞争者数量的增加，企业的全要素生产率会大幅增加。

产品市场竞争通常被看做是公司治理的又一个替代变量。产品市场竞争激励着高管尽力去控制产品成本（Raith，2003），花精力去维护产品市场（Schmidt，1997），从而降低公司破产的风险（Matsa，2011）。同时，产品市场竞争使得股东们能够很好地察觉高管的行为，从而制定出更合理的激励机制（Hart，1983；Karuna，2007），激励高管进行更多的创新活动（Hou and Robinson，2006；李春涛和宋敏，2010；Lin，Lin and Song，2011），提高生产率（Nickell，1996；Winston，1998；Schmitz；2005），或者实行更有效的监管机制来减少高管的偷懒行为（Hart，1983；Giroud and Mueller，2011），降低代理成本（Ashbaugh-Skaife，Collins and LaFond，2006；Chen，Chen and Wei，2009）。

从长期来看，产品市场竞争与公司行为之间存在相关性，例如，在竞争环境下，绩效表现好的企业最终会获得更高的市场地位（Nickell，1996）。为什么产品市场竞争会影响公司绩效呢？一个直接的答案就是，由于存在垄断租金，高管等利益相关者就有很强烈的动机去努力工作、减少偷懒等行为去攫取上述利益。但是这只是一厢情愿，垄断企业占据着优势地位，也会有同样强烈的动机去努力工作、减少偷懒等行为去保持上述利益。总的来说，现有研究仅仅探讨了产品市场竞争会对高管的一些财务决策产生影响，并没有得出一致的结论，且对于产品市场竞争基于何种机制对高管决策产生影响，也没有给出直接的证据。

从声誉机制的视角来看，如果公司高管舞弊，那么他们会受到来自经理人市场以及资本市场的惩罚，因此，声誉机制在一定程度上可以抑制高管的舞弊行为（Chalmersa and Godfrey，2004；Fich and Shivdasani，2006；

Desai, Hogan and Wilkins, 2006）。Fama（1980）指出，由于经理人市场上存在竞争以及声誉机制的压力，考虑到自己的职业生涯，高管在经营管理过程中会主动降低道德风险，约束自身行为。因此，面对不断完善的经理人市场（Tadelis，2002；李波和单漫与，2009），高管在制定财务决策时是否会考虑自己的声誉及工作（Beasley，1996；Schmidt，1997；袁春生，吴永明和韩洪灵，2008），尤其是在产品市场竞争程度不断加剧的情况下，高管的财务决策（如 R&D、投资、盈余管理等）是否会发生变化，是本章重点探讨的问题。

本章其他部分安排如下：第二节回顾了产品市场竞争与财务问题的结合研究；第三节通过理论分析得出本章的研究假设；第四节是研究设计，介绍本章样本和变量的选择以及模型设计；第五节是实证分析，对研究假设进行验证；第六节对本章的研究进行了拓展；第七节对结果的稳健性进行了检验；第八节给出研究结论。

第二节　产品市场竞争与资本成本

近年来，行业特征与财务问题结合的研究越来越受到学术界和实务界的关注。Titman（1984）通过企业清算决策研究了产品市场与资本结构之间的关系，为研究产品市场竞争与资本结构拉开了序幕。Brander and Lewis（1986）首次直接研究了产品市场竞争与资本成本之间的关系，指出企业在产品市场上的决策和行为受到企业资本结构的影响，企业在产品市场上的表现也反过来影响其财务决策。但是他们仅考虑了企业间古诺竞争的情况。在区分了不同的竞争形式之后，学者们发现，企业举债的动机会受到产品市场竞争的影响，但是影响效果不尽相同（Showalter，1995；Jong et al.，2007）。

在研究公司特征对资本结构的影响时，学者们的普遍做法是通过行业虚拟变量来分析或者去除行业均值的影响。这些处理方法无法告诉我们行业特征是否会影响公司的财务政策，也无法告诉我们为什么同一个行业内公司的资本结构相差甚远。MacKay and Phillips（2005）系统地检验了行业竞争程度对企业财务决策以及投资决策的重要性。在控制了行业固定效应之后，他们发现，公司的资本结构仍然受公司在行业内的竞争地位影响，行业集中程度越高，公司的财务杠杆越高。这表明行业因素对资本结构的影响确实存在。但是，他们并没有指出是通过什么渠道产生影响。行业结构受到内生性问题的诟病，为了避免内生性的问题，Xu（2012）从进口的角度，研究了进口竞争的增加对企业资本结构的影响，发现随着竞争程度的加强，企业通过发行股票以及变卖资产来偿还债务，进而降低其杠杆水平。他同时指出，竞争迫使企业通过权衡债务抵税的好处以及财务困境导致成本上升的弊端来影响其资本结构。

资本结构的选择通常反映的是企业的融资决策，而企业在融资过程中考虑的一个重要方面是融资成本的高低。虽然关于产品市场竞争与资本结构相结合的研究越来越丰富，但是产品市场竞争与资产定价方面的结合刚起步。本章主要探讨产品市场竞争对企业资本成本的影响。研究产品市场竞争与资本成本的关系有助于理解影响资本成本的因素，提高企业的价值，同时对产品市场的发展提出政策建议。

一、产品市场竞争与权益成本

究竟是什么因素在影响资本成本，是资产定价研究中的一个最基础的问题，也是最复杂的问题。自从 Fama and French（1993）提出三因素模型之后，对资本成本的影响因素的探讨就众说纷纭，Carhart（1997）对 Fama-French 三因素模型进行了拓展，除了市场风险、规模、账面市值比三个因素外，加入了动量因子。

随着产品市场竞争与资本结构研究的深入，越来越多的学者发现，行业因素在资产定价中起着不可忽视的作用。Moskowitz and Grinblatt（1999）按月建立价值加权的行业投资组合，对1963年7月至1995年7月的美国上市公司进行研究，该组合表现出显著的动量效应，而且该效应并不能用规模效应、价值效应等来解释。虽然行业投资组合的结果十分稳健，但是文中并没有指出其内在原因。Hou（2003）在研究股票回报中的领先滞后效应时指出，行业组合的动量效应可以通过行业内的领先滞后效应来解释。Cohen et al.（2003）将BM所包含的信息划分为行业间和行业内两部分，发现大部分BM效应是受行业内的因素影响，但是也未作具体解释。

　　基于创造性破坏和财务困境风险，Hou and Robinson（2006）首次将行业集中度与权益成本联系起来，研究了行业结构对权益成本的影响，主张产品市场结构影响企业面临的风险。作为第一个行业市场结构对资产定价影响的实证研究，文中搜集了从1963年7月到2001年12月美国市场上所有的上市公司的数据，在每年6月，根据竞争指标（Herfindahl-Hirschman Index，HHI），将行业进行五分位，计算每个组合的资本成本。在竞争最激烈的一组，其月平均资本成本为1.52%；随着竞争程度的下降，月平均资本成本也逐渐降低。在竞争程度最低的一组，其月平均资本成本为1.26%，且两组之间的差距在5%的显著性水平上显著。结果表明，一方面，行业集中程度越高，进入壁垒越高，会减少企业产品市场上的需求冲击，降低企业财务困境风险；另一方面，行业集中程度越高，公司创新的动机就越小，由创新所带来的风险也会相应较小，最终结果是导致权益成本较低。值得注意的是，Hou and Robinson（2006）关注的美国市场，其行业内竞争水平已经处于较高水平，并不能反映竞争程度的变化对权益资本成本的影响。通过对27个新兴市场的共11 500家公司进行研究，Gorodnichenko et al.（2010）发现，来自国外的竞争通常会刺激国内企业进行创新，进而提高效率。Bloom et al.（2011）对1996—2007年来自国外的竞争对中国本土企业表现的影响进行研究，发现随着竞争程度的提高，本土企业的研发能力以及效率都有显著的提高。这些研究都与Hou and Robinson（2006）的观点相悖。

进一步，Hoberg and Phillips（2010）研究了在行业繁荣与萧条时产品市场竞争如何影响企业的现金流量以及权益成本。对1972—2004年美国公司的研究表明，在产品市场竞争程度高的行业，高的行业资金以及行业估值通常预示着现金流量的降低以及权益成本的上升。通过对投资决策与权益成本的研究，Aguerrevere（2009）发现，产品市场竞争会影响投资决策与权益成本之间的关系，具体表现为：当产品需求水平相对较低时，市场竞争程度越激烈，权益成本越高；当产品需求水平相对较高时，行业集中程度越高，权益成本越高。但是其文中的一个主要假设是完全相同的公司，这对其结论的适用性产生了一定程度的限制。Carlson et al.（2007）对寡头垄断行业的研究表明，随着竞争程度的增加，风险反而是下降的，即投资者要求的回报随着竞争程度的上升而下降。

此外，产品市场竞争也被认为是公司治理机制的重要组成部分。Giroud and Mueller（2010）指出，产品市场的竞争程度可以降低管理层的代理成本。当产品竞争程度提高时，股东更容易了解到管理层的决策行为，而且企业的利润对经理人的工作努力程度的敏感性会加强，股东通常通过产品市场的表现来衡量经理人的努力程度（Hart，1983）。同时，管理层为了避免因企业破产而失去工作（Schmidt，1997）以及在激烈的经理人市场竞争中占据有利条件，通常会努力工作、提高效率，从而降低了委托代理成本。Nickell（1996）通过对英国制造业的研究发现，产品市场竞争的增加通常伴随着生产率的提高。产品市场竞争还提高了公司的信息透明度。随着竞争程度的提高，为阻止潜在进入者，行业内的现有企业披露信息的意愿随之加强（Darrough and Stoughton，1990；Newman and Sansing，1993）。而公司治理水平的提高，将会改善企业的融资能力，有效地降低股权资本成本（Cheng et al.，2006）。

综合来看，目前产品市场竞争对权益成本的影响并未达成一致。首先，产品市场竞争给企业带来的是两方面的影响：一方面，伴随着竞争性破坏以及产品市场冲击而导致系统风险增加，从而增加权益成本；另一方面，产品市场竞争作为公司治理机制，在提高公司治理水平的同时，降低了股权资本成本。这两方面的作用是相互抵消的。其次，在不同的产品市场竞争水平上，产品市场竞争程度的提高对权益成本的影响具有不同的效果。未来可以深入研究不同竞争程度对资本成本的影响。

二、产品市场竞争与债务成本

债务融资作为公司外部融资的主要来源，对公司运营的灵活性以及投资活动的顺利开展起着至关重要的作用。随着学者对产品市场竞争了解的深入，其对债务成本影响的研究也就显得举足轻重。

目前的研究主要针对以下两个方面：第一，违约风险。一般来说，违约风险越高，意味着债务成本越高。产品市场的激烈竞争将会直接导致企业现金流的波动，进而降低企业可承兑收入。Bolton and Scharfstein（1990）指出，一些财务状况良好的公司会采取相对具有竞争力的战略，对行业内的公司造成冲击，增加其运营风险。此外，如果公司未能及时抓住机会进行投资，一旦竞争对手获得成功，它们就会面临客户转移、市场份额下降等威胁。总而言之，激烈的竞争增加了公司债务违约的可能性。第二，资产清算价值。清算价值是债权人向企业借款时考虑的一个重要因素，因为当企业无力偿还借款时，这是他们所能获得的补偿（Aghion and Bolton，1992；Hart and Moore，1994；Bolton and Scharfstein，1996）。清算价值越高，企业借款时的利率就相对越低（Benmelech et al.，2005）。Ortiz-Molina and Phillips（2011）指出，产品市场的竞争会影响行业内企业的数量及其财务状况，导致企业价值的变化，进而影响到企业的债务成本。

为了理解产品市场竞争是否会影响债务成本以及影响的程度，Valta（2012）首次从实证的角度直接研究了产品市场竞争与债务成本的关系。通过对1992—2007年美国上市公司债务成本的研究发现，产品市场竞争越激烈，公司的债务成本越高。他指出，公司在行业内的竞争优势越明显，其获得债务的成本就越低，同时还会增加行业内其他公司的债务成本。但是文中并没有指出产品市场竞争通过何种途径影响债务成本，对面临竞争的公司如何调整财务政策也没有给出任何建议。

第三节　理论分析与研究假设

一、产品市场竞争与研发活动

关于产品市场竞争与创新之间的关系一直存在争论。早期的实证研究大多受到 Schumpeter（1943）的影响，认为产品市场竞争与创新之间是线性关系，并且随着竞争程度的增加，企业创新活动会减少。Scherer（1967）放宽了线性假设，认为两者之间的关系并非简单的线性关系。通过对《财富》500 强企业的研究发现，竞争与创新之间存在显著的 U 形关系，即随着竞争程度的增加，创新活动先增加后减少。但是后续研究又回到了线性假设，指出两者之间存在正相关关系，即随着竞争程度的增加，企业创新活动会减少（Nickell，1996；Blundell，Griffith and Van Reenen，1999）。Nickell（1996）分析了英国制造业的 670 家公司，发现竞争能够提高公司绩效，并且随着竞争者的增加，企业的全要素生产率会大幅增加。Aghion，Bloom，and Blundell，et al.（2005）通过构建模型重新探讨了竞争与创新之间的关系，发现两者存在显著的倒 U 形关系。他们认为，创新的动机取决于现任公司创新利益的变化量而不是绝对数额，也就是说，竞争会刺激创新，提升创新所带来额增量收益，促使企业增加创新来摆脱竞争的局面。这种现象在垄断现象不明显的行业更为明显。

对于企业来说，只有不断地创新去满足消费者需求，才能有长期稳定的利润（Blundell，Griffith and Van Reenen，1999）。随着经理人市场的不断完善（Tadelis，2002；李波和单漫与，2009），高管为了维护自己在经理人市场上的声誉（Beasley，1996；袁春生，吴永明和韩洪灵，2008）以及保住自己的工作（Schmidt，1997），会不断地进行创新活动（Hou and Robinson，2006；李春涛和宋敏，2010；Lin，Lin and Song，2011），以保持企业在行业内的市场地位（Roberts，1999）。由此提出本章的第一个假设。

假设4-1：出于对声誉的考虑，产品市场竞争的加剧会激励高管加大企业的 R&D 投入。

但是，由于创新带来的利益会随着时间的推移而不断消退，要想保持现有的市场地位，就必须不断地进行创新（Malueg and Tsutsui，1997；Roberts，1999）。对于高管来说，与企业的其他日常经营活动不同，R&D 活动通常是长期的、复杂的（Kelm，Narayanan and Pinches，1995），有很多的不确定性（Holmstrom，1989；Malueg and Tsutsui，1997），如果研发活动连续失败，高管可能会对研发持悲观态度，从而减少研发投入（Malueg and Tsutsui，1997）。此外，激烈的竞争也会导致企业的创新被迅速模仿，从而降低高管研发活动的意愿（Schmidt，1997），诱发高管的偷懒行为（Roberts，1999；He and Tian，2013）。由此提出假设4-1 的备择假说。

假设4-1A：产品市场竞争的加剧会降低高管研发活动的意愿，从而减少企业的 R&D 投入。

二、产品市场竞争与投资

投资行为是高管财务决策的核心内容。由于上市公司高管在较长的时间内一直奉行"做大、做强"的粗放式增长观念，导致上市公司投资决策失准（刘凤委和李琦，2013），投资行为也表现出较大的随意性（辛清泉，林斌和王彦超，2007）。高管通常会盲目地扩大规模、实施多元化战略（辛清泉，林斌和王彦超，2007），企图创建"企业帝国"（刘凤委和李琦，

2013），这类行为通常会造成企业投资效率的下降。产品市场竞争能够在一定程度上缓解投资效率低下的问题。一方面，产品市场竞争增加了公司的破产风险，高管为了保住自己的工作（Schmidt，1997）以及维护自己在经理人市场上的声誉（Beasley，1996；袁春生，吴永明和韩洪灵，2008），在进行投资决策时会尽量避免净现值为负的项目，提高投资效率；另一方面，产品市场竞争使得股东们能够很好地察觉高管的行为（Hart，1983；Karuna，2007），从而了解高管的能力，制定符合其能力的薪酬标准（Mishel and Sabadish，2012）。由此提出本章的第二个假设。

假设4-2：在声誉机制的约束下，产品市场竞争会促使高管提高投资效率。

但是，也有研究指出，产品市场竞争对公司投资效率的影响与公司在竞争中所处的地位相关（张洪辉和王宗军，2010），处于主导地位的公司，其过度投资的水平更高，投资效率也就更低（Grullon and Michaely，2007）。此外，如果存在政府关联或政府控制的企业，会降低产品市场竞争与投资效率之间的敏感性，扭曲企业的投资行为（徐一民和张志宏，2010）。由此提出假设4-2的备择假设。

假设4-2A：产品市场竞争会扭曲高管的投资行为，从而降低投资效率。

三、产品市场竞争与盈余管理

现阶段学者在研究产品市场竞争与盈余管理之间的关系时，大多从信息视角和约束视角两个角度出发。其中信息视角认为产品市场竞争使得股东们能够很好地察觉高管的行为，降低信息不对称的程度（Hart，1983；Karuna，2007）。约束视角则认为，产品市场竞争增加了公司的破产风险，高管为了保住自己的工作（Schmidt，1997）以及维护自己在经理人市场上的声誉（Beasley，1996；袁春生，吴永明和韩洪灵，2008），将会较少偷懒行为（Hart，1983；Giroud and Mueller，2011），更加努力地去提高生产率（Nickell，1996；Winston，1998；Schmitz；2005）。

但是，在实证研究中，无论从哪个视角出发，学者们对产品市场竞争与盈余管理的关系都未得出一致的结论。从信息视角来看，有学者指出，随着竞争程度的加剧，高管可能会通过盈余管理等手段来降低企业盈余中所包含的信息含量（Fan and Wong，2002），从而使得企业免于竞争（Markarian and Santalo，2010）。但是，也有学者指出，产品市场竞争能够降低信息不对称的程度（Hart，1983；Karuna，2007），使得股东们能够很好地察觉高管的行为，实行更有效的监管机制来减少高管的偷懒行为（Hart，1983；Giroud and Mueller，2011），降低代理成本（Ashbaugh-Skaife，Collins and LaFond，2006；Chen，Chen and Wei，2009），进而降低企业的盈余管理程度（Marciukaityte and Park，2009）。从约束视角来看，产品市场竞争会降低企业的利润，使企业面临更大的风险，这些经营风险会在资本市场上受到更严厉的惩罚（Markarian and Santalo，2010）。为了避免这种情况发生，高管通常会采取一些成本较低且隐蔽性较强的盈余管理行为。

总的来说，有关产品市场竞争与盈余管理的研究忽略了经理人市场这一因素。面对不断完善的经理人市场（Tadelis，2002；李波和单漫与，2009），高管为了维护自己在经理人市场上的声誉（Beasley，1996；袁春生，吴永明和韩洪灵，2008）以及保住自己的工作（Schmidt，1997），会约束自己的行为，尽量避免盈余管理。由此提出本章的第三个假设。

假设4-3：随着产品市场竞争程度的增加，高管在声誉机制的约束下，会减少盈余管理行为。

但是，也有研究发现，公司高管会通过盈余管理来满足"盈余阈值"（Gunny，2010）。研究表明，在日常运营中，公司高管会采用盈余管理的手段，在一定程度上避免亏损或避免盈利下降，从而维护公司信誉，增强投资者信心等（王福胜、吉姗姗和程富，2014）。此外，随着市场竞争的加剧，高管的薪酬安排、股权激励等也都会诱发高管强烈的盈余管理动机（Healy，1985；张娟和黄志忠，2014）。由此提出假设 4-3 的备择假设。

假设 4-3A：随着产品市场竞争程度的增加，高管会增加盈余管理行为。

第四节　研究设计

一、数据来源与样本选择

本章研究样本区间涵盖 2005—2012 年 A 股所有上市公司，数据主要要来源于 WIND、CSMAR 等数据库。其中，计算产品市场竞争的营业收入来源于 CSMAR 中国上市公司财务报表数据库，上市公司高管数据、研发投入数据主要来源于 WIND，其他财务数据主要来源于 CSMAR，并作了如下处理：（1）删除财务状况异常的公司（如 ST 公司）；（2）剔除金融保险行业和综合业两个行业的公司；（3）剔除其他控制变量缺失的样本。最终得到 2 943 个观测值。

二、变量定义

1. 研发投入

关于研发投入（R&DtREV），有两种衡量方法，详见第三章。为了便于研究，我们将研发支出以销售收入（REV）进行标准化处理（Lee and O'Neili，2003；刘运国和刘雯，2007）。

2．投资效率

参照 Richardson（2006），投资效率（EFF_INV）是实际投资与预期投资的差额，即回归方程的残差值。其值大于零表示过度投资，小于零表示投资不足。其绝对值代表投资效率，数值越大，表示投资效率越低。具体计算公式见第三章公式（3-1）至公式（3-3）。

3．盈余管理

参照 Dechow、Sloan and Sweeney（1995）修正的 Jones 模型，盈余管理（E_MGT）为总应计利润与非可操纵应计利润之差，即回归方程的残差值。本书采用残差值的绝对值来衡量盈余管理程度。计算公式见第三章公式（3-4）。

4．产品市场竞争（PMC）

对各行业产品市场竞争程度的衡量（参照 Hou and Robinson，2006），采用赫芬达尔指数（Herfindahl Hirschman Index，简称 HHI 指数），取其相反数表示产品市场竞争（PMC），计算公式为：

$$PMC = -HHI = -\sum_{i=1}^{N}\left(\frac{X_i}{X}\right)^2 \tag{4-1}$$

其中 X_i 为第 i 家企业的销售额，X 为整个市场销售额。

5．声誉机制

职业生涯假说指出，与年长的高管或者处在职业生涯末期的高管相比，年轻的高管更加关注自己在经理人市场上的声誉（Holmstrom，1999；Tadelis，2002；袁春生、吴永明和韩洪灵，2008）。Tadelis（2002）指出，随着高管职业生涯接近末期，声誉机制的约束作用减弱。袁春生、吴永明和韩洪灵（2008）直接对中国上市公司高管进行研究，发现处于职业生涯早期的年轻高管更加在乎自己在经理人市场上的声誉。因此，本书采用高管年龄的倒数作为声誉机制（REP）的替代变量。其值越大，声誉机制的作用越强。

6. 控制变量

本书中所称的高管主要是指公司的董事、监事以及高级管理人员，包括董事长、副董事长、总经理、副总经理、董事会秘书等。衡量高管特质的指标包括高管任期以及高管受教育水平。高管持股比率（MGT_STOCK）为上市公司高管的持股比率，衡量公司因素。

其他控制变量包括公司规模（SIZE）、财务杠杆（LEV）、资产收益率（ROA）、账面市值比（BM）、机构持股（INSTITUTION）和年龄（AGE）（详见第三章）。变量描述详见表4-1。

表 4-1 变量描述

变量代码	变量名称	计算方法	参考文献
被解释变量			
R&DtREV	研发投入	研发支出与销售收入的比值	Lee and O'Neili（2003）；刘运国和刘雯（2007）
EFF_INV	投资效率	根据公式（3-1）计算得出	Richardson（2006）
E_MGT	盈余管理	根据公式（3-4）计算得出	Dechow, Sloan and Sweeney（1995）
解释变量			
PMC	产品市场竞争	根据公式（4-1）计算得出	Hou and Robinson（2006）
PMC_A	产品市场竞争替代变量	根据公式（4-1）计算得出	
REP	声誉机制	高管的平均年龄的相反数	
GOV	治理机制	选取7个公司治理指标，利用主成分分析法计算得出	白重恩，刘俏和陆洲等（2005）；伊志宏，姜付秀和秦义虎（2010）；张会丽和陆正飞（2012）

续表

变量代码	变量名称	计算方法	参考文献
解释变量			
SOE	产权性质	国有企业为 1，反之为 0	
控制变量			
MGT_TEN	高管任期	高管的平均任期	刘运国和刘雯（2007）
MGT_EDU	高管受教育水平	高管的平均受教育水平，其中：1 = 中专及中专以下，2 = 大专，3 = 本科，4 = 硕士研究生，5 = 博士研究生	郭葆春和张丹（2013）
MGT_STOCK	高管持股比率	高管的持股比率	郭葆春和张丹（2013）
SIZE	公司规模	总资产自然对数	徐欣和唐清泉（2010）；He and Tian（2013）
LEV	财务杠杆	负债与总资产比值	徐欣和唐清泉（2010）；He and Tian（2013）
ROE	净资产收益率	净利润与所有者权益比值	He and Tian（2013）
BM	账面市值比	账面价值与市场价值比值	He and Tian（2013）
INSTITUTION	机构持股	机构持股比率	He and Tian（2013）
AGE	上市年龄	上市年限	He and Tian（2013）

三、模型设计

为了验证假设 4-1，构建模型如下：

$$R\&DtREV_t = \alpha + \beta_1 PMC_t + \beta_2 PMC_t \cdot REP_t + \beta_3 REP + \gamma_1 MGT\_TEN_t +$$
$$\gamma_2 MGT\_EDU_t + \gamma_3 MGT\_STOCK_t + \gamma_4 SIZE_t + \gamma_5 LEV_t +$$
$$\gamma_6 ROE_t + \gamma_7 BM_t + \gamma_8 INSTITUTION_t + \varepsilon \qquad (4\text{-}2)$$

根据假设 4-1，如果 β_2 显著为正，则支持该假设，即产品市场竞争的加剧会激励高管加大企业的 R&D 投入。

为了验证假设 4-2，构建模型如下：

$$EFF\_INV_t = \alpha + \delta_1 PMC_t + \delta_2 PMC_t \cdot REP_t + \delta_3 REP + \gamma_1 MGT\_TEN_t +$$
$$\gamma_2 MGT\_EDU_t + \gamma_3 MGT\_STOCK_t + \gamma_4 SIZE_t + \gamma_5 LEV_t +$$
$$\gamma_6 ROE_t + \gamma_7 BM_t + \gamma_8 INSTITUTION_t + \varepsilon \qquad (4\text{-}3)$$

根据假设 4-2，如果 δ_2 显著为负，则支持该假设，即在声誉机制的约束下，产品市场竞争会促使高管提高投资效率。

为了验证假设 4-3，构建模型如下：

$$E\_MGT_t = \alpha + \lambda_1 PMC_t + \lambda_2 PMC_t \cdot REP_t + \lambda_3 REP + \gamma_1 MGT\_TEN_t +$$
$$\gamma_2 MGT\_EDU_t + \gamma_3 MGT\_STOCK_t + \gamma_4 SIZE_t + \gamma_5 LEV_t +$$
$$\gamma_6 ROE_t + \gamma_7 BM_t + \gamma_8 INSTITUTION_t + \varepsilon \qquad (4\text{-}4)$$

根据假设 4-3，如果 λ_2 显著为负，则支持该假设，即随着产品市场竞争程度的增加，高管在声誉机制的约束下，会减少盈余管理行为。

第五节　实证分析

一、描述性统计

表 4-2（a）列出了主要变量的描述性统计，其中研发支出（R&DtREV）的中位数仅为 0.085 7，远低于平均水平 0.181 9，也就是说，研发支出存在左偏差，大部分企业研发投入较小，少数企业在研发方面投入较大，其标准差为 1.997 7 也证明了不同企业的研发政策差异较大。产品市场竞争指标（PMC）的均值为 −0.131 2，中位数为 −0.099 1，说明部分行业仍然有较高的行业集中度，这与于良春和张伟（2010）的观点一致。总的来说，中国市场化改革取得了较大的成就，竞争格局也在不断深化。

表 4-2（b）则直观地描述了各行业 2007—2012 年的竞争程度。可以

看出，大部分行业的竞争随着改革的不断深入而加剧，但是在2012年出现了明显的不一致，这可能是因为在删除一些变量缺失值的时候会损失大部分数据，尤其是一些小公司，这样导致样本里就只包含一些数据披露齐全的大公司，从而导致竞争程度偏低。从各行业产品市场竞争程度的所有年度汇总来看，确实存在竞争程度增大的现象。

在表4-2（c）中，声誉机制（REP）与研发投入（R&DtREV）之间的相关性系数为0.037 6，且在5%的显著性水平上显著，表明声誉机制对高管的研发活动存在一定的约束作用。但是面临产品市场的竞争，声誉机制的约束作用能否发挥，还需要进一步的验证。

声誉机制（REP）与投资效率（EFF_INV）之间的相关系数为0.000 4，但是不显著；产品市场竞争（PMC）与投资效率（EFF_INV）之间的相关系数为−0.032 1，且在10%的显著性水平上显著，也就是说，产品市场竞争可能会提高公司的投资效率，但是是否是由于声誉机制的作用，需要进一步验证才能得出确切结论。

声誉机制（REP）与盈余管理（E_MGT）之间的相关系数为−0.013 3，且在10%的显著性水平上显著，表明声誉机制对高管的盈余管理行为存在一定的约束作用。但是，面临产品市场的竞争，声誉机制的约束作用能否发挥，还需要进一步的验证。

表4-2　　　　　　主要变量描述性统计及相关性分析

（a）Panel A 描述性统计

Variable	N	MEAN	MEDIAN	STD	Q1	Q3
R&DtREV	2 943	0.181 9	0.085 7	1.997 7	0.049 1	0.147 0
EFF_INV	2 943	0.041 9	0.031 5	0.041 1	0.014 6	0.054 1
E_MGT	2943	0.312 5	0.217 6	0.972 2	0.105 0	0.370 9
PMC	2 943	−0.131 2	−0.099 1	0.111 7	−0.161 7	−0.056 8
REP	2 943	−47.601 9	−47.538 5	3.714 0	−49.625 0	−45.352 9
MGT_EDU	2 943	3.436 0	3.421 1	0.592 7	3.000 0	3.736 8
MGT_TEN	2 943	3.070 1	2.956 5	0.817 0	2.772 7	3.000 0
MGT_STOCK	2 943	0.071 6	0.000 0	0.160 4	0.000 0	0.024 0

续表

Variable	N	MEAN	MEDIAN	STD	Q1	Q3
SIZE	2 943	21. 759 1	21. 602 5	1. 161 9	20. 918 4	22. 455 4
LEV	2 943	0. 448 3	0. 456 9	0. 214 2	0. 286 9	0. 616 2
ROE	2 943	0. 087 9	0. 088 9	0. 194 4	0. 049 3	0. 140 6
BM	2 943	0. 655 0	0. 644 9	0. 274 3	0. 448 8	0. 839 8
INSTITUTION	2 943	0. 374 3	0. 364 7	0. 234 2	0. 179 5	0. 553 8
AGE	2 943	7. 369 0	7. 000 0	5. 332 1	2. 000 0	12. 000 0

（b）Panel B 产品市场竞争（PMC）描述性统计

IND	2007	2008	2009	2010	2011	2012	All
A	− 0. 358 4	− 0. 239 8	− 0. 277 6	− 0. 232 8	− 0. 145 9	− 0. 150 2	− 0. 217 0
B	− 0. 264 8	− 0. 191 1	− 0. 133 6	− 0. 186 5	− 0. 134 4	− 0. 233 1	− 0. 180 4
C0	− 0. 130 0	− 0. 099 7	− 0. 085 5	− 0. 052 5	− 0. 129 4	− 0. 460 8	− 0. 127 5
C1	− 0. 470 1	− 0. 248 1	− 0. 109 7	− 0. 099 1	− 0. 056 0	− 0. 258 4	− 0. 122 4
C2	.	− 0. 548 1	− 0. 441 0	− 0. 366 4	− 0. 275 9	− 1. 000 0	− 0. 421 3
C3	− 0. 319 7	− 0. 198 8	− 0. 148 1	− 0. 153 8	− 0. 173 2	− 1. 000 0	− 0. 188 4
C4	− 0. 068 9	− 0. 035 2	− 0. 023 9	− 0. 036 5	− 0. 031 8	− 0. 278 4	− 0. 055 2
C5	− 0. 534 1	− 0. 324 0	− 0. 250 0	− 0. 248 2	− 0. 161 7	− 0. 476 7	− 0. 264 6
C6	− 0. 134 2	− 0. 134 8	− 0. 084 8	− 0. 076 2	− 0. 070 2	− 0. 214 7	− 0. 101 8
C7	− 0. 091 1	− 0. 062 7	− 0. 060 4	− 0. 051 0	− 0. 039 1	− 0. 104 8	− 0. 059 3
C8	− 0. 096 8	− 0. 115 1	− 0. 088 4	− 0. 132 9	− 0. 054 5	− 0. 099 8	− 0. 093 8
C99	− 0. 748 3	− 0. 593 6	− 0. 684 4	− 0. 380 1	− 0. 326 2	− 0. 505 3	− 0. 459 1
D	− 0. 175 3	− 0. 148 2	− 0. 095 4	− 0. 279 6	− 0. 107 7	− 0. 292 1	− 0. 170 6
E	− 0. 340 0	− 0. 266 4	− 0. 111 6	− 0. 102 7	− 0. 083 8	− 0. 574 9	− 0. 196 9
F	− 0. 292 8	− 0. 320 6	− 0. 196 7	− 0. 208 3	− 0. 197 7	− 0. 219 3	− 0. 232 6
G	− 0. 154 4	− 0. 112 3	− 0. 142 8	− 0. 118 4	− 0. 066 1	− 0. 506 0	− 0. 155 2
H	− 0. 218 8	− 0. 183 0	− 0. 117 5	− 0. 100 9	− 0. 075 1	− 0. 095 0	− 0. 119 4
J	− 0. 133 5	− 0. 132 5	− 0. 065 4	− 0. 056 8	− 0. 056 9	− 0. 249 3	− 0. 090 3
K	− 0. 208 9	− 0. 182 8	− 0. 319 3	− 0. 245 6	− 0. 120 4	− 0. 642 4	− 0. 231 8
L	− 0. 508 5	− 0. 380 9	− 0. 430 4	− 0. 364 4	− 0. 186 3	− 0. 291 0	− 0. 306 3
All	− 0. 183 0	− 0. 151 4	− 0. 116 8	− 0. 117 3	− 0. 082 0	− 0. 266 1	− 0. 131 2

（c）Panel C 相关性分析

	R&DrREV	EFF_INV	E_MGT	PMC	REP	MGT_EDU	MGT_TEN	MGT_STOCK
R&DrREV	1							
EFF_INV	-0.013 3	1						
E_MGT	-0.001 6	-0.006 8	1					
PMC	0.018 2	-0.032 1*	0.004 5	1				
REP	0.037 6**	0.000 4	-0.013 3*	0.067 1***	1			
MGT_EDU	0.024 3	-0.013 1	0.019 0	-0.045 0	0.006 1	1		
MGT_TEN	-0.029 4	0.019 9	-0.000 6	-0.202 3***	-0.172 1***	-0.026 5	1	
MGT_STOCK	-0.011 3	0.030 7	-0.045 2**	0.024 4	0.164 7***	-0.172 8***	0.035 9*	1
SIZE	-0.050 3***	0.042 2*	0.114 6***	-0.032 3	-0.248 5***	0.232 9***	0.026 8	-0.265 2***
LEV	0.031 5*	0.003 4	0.083 1***	0.016 1	-0.076 2***	0.125 7***	-0.034 8*	-0.360 1***
ROE	-0.274 3***	-0.014 9	0.050 8***	0.035 8*	0.013 2	0.038 9**	-0.007 0	0.000 2
BM	-0.045 1	0.037 7**	0.062 0***	-0.096 5***	-0.109 6***	-0.012 2*	0.066 7***	0.029 4
INSTITUTION	-0.009 3	-0.002 6	0.020 7	0.034 1*	-0.137 3***	0.145 2***	0.048 1***	-0.248 5***
AGE	0.038 8**	-0.096 5***	0.059 5***	0.049 2***	-0.124 7***	0.218 0***	-0.018 7	-0.447 7***

续表

	SIZE	LEV	ROE	BM	INSTITUTION	AGE
R&DtREV						
EFF_INV						
E_MGT						
PMC						
REP						
MGT_EDU						
MGT_TEN						
MGT_STOCK						
SIZE	1					
LEV	0.487 8***	1				
ROE	0.073 9***	-0.097 1***	1			
BM	0.458 6***	0.248 8***	-0.104 4***	1		
INSTITUTION	0.337 1***	0.155 3***	0.146 6***	-0.222 4***	1	
AGE	0.371 8***	0.455 6***	-0.008 6***	0.033 8*	0.199 2***	1

注：***、**、*分别代表在1%、5%、10%的显著性水平上显著。

二、产品市场竞争、声誉机制与研发投入

表 4-3 列示了产品市场竞争、声誉机制与研发投入（R&DtREV）的回归结果。Model 1 只检测了产品市场竞争（PMC）与 R&D 投入（R&DtREV）的关系，其系数为 0.4788，并不显著，这说明产品市场竞争与研发投入的关系并不明朗，需要厘清其作用的内在机制。

表 4-3　　　　　　　产品市场竞争、声誉机制与研发投入

Variable	Model 1	Model 2	Model 3
Intercept	2.049 9	2.246 0	3.546 1
	2.02 **	2.16 **	2.90 ***
PMC	0.478 8	0.466 7	5.149 8
	1.20	1.17	1.64
PMC_REP			0.098 4
			2.03 **
REP			0.032 3
			1.50
MGT_EDU		0.093 6	0.091 2
		1.46	1.42
MGT_TEN		−0.082 5	−0.076 0
		−1.73 *	−1.58
MGT_STOCK		0.070 8	0.012 0
		0.26	0.04
SIZE	−0.052 9	−0.064 6	−0.053 5
	−1.09	−1.32	−1.08
LEV	0.147 4	0.167 4	0.150 7
	0.65	0.73	0.66
ROE	−2.956 4	−2.956 0	−2.959 9
	−15.56 ***	−15.56 ***	−15.58 ***
BM	−0.619 7	−0.606 6	−0.608 6
	−3.01 ***	−2.93 ***	−2.94 ***
INSTITUTION	0.106 5	0.118 3	0.122 5
	0.57	0.62	0.64

续表

Variable	Model 1	Model 2	Model 3
AGE	0.007 4	0.006 7	0.007 6
	0.92	0.78	0.89
IND	YES	YES	YES
YEAR	YES	YES	YES
NO.	2 943	2 943	2 943
R^2	9.05%	9.21%	9.34%

注：＊＊＊、＊＊、＊分别代表在1%、5%、10%的显著性水平上显著。Model 1 是产品市场竞争与研发活动的回归结果；Model 2 加入高管个人特质以及公司层面因素进行回归分析；Model 3 进一步验证在声誉机制的约束下，产品市场竞争是否会对公司研发活动产生影响。所有模型均控制了行业（IND）及年份（YEAR）虚拟变量。

Model 2 加入了一些高管财务决策的影响因素，包括高管个人特质方面的以及公司层面的因素，如高管受教育水平（MGT_EDU）、高管任期（MGT_TEN）、高管持股（MGT_STOCK）等。除了高管任期（MGT_TEN）在 10% 的显著性水平上显著（t 值为 -1.73）以外，其他均不显著，表明高管个人特质因素不能够很好地解释公司的研发投入（R&DtREV），也说明了为什么之前学者从高管个人特质出发，会得出截然不同的结论（Kimberly and Evanisko，1981；Dechow and Sloan，1991；Hambrick，Geletkanycz and Fredrickson，1993）。高管持股（MGT_STOCK）的回归结果也不显著，表明高管持股作为一种激励方式，可能会诱使高管采取一些保守的行为，减少研发投入等高风险的活动。

为了进一步验证在声誉机制的约束下，产品市场竞争对研发活动的影响，在 Model 2 的基础上加入声誉机制（REP）以及声誉机制与产品市场竞争的交乘项（PMC_REP），Model 3 即是模型 4-2 的回归结果。可以看到，声誉机制与产品市场竞争的交乘项（PMC_REP）的回归系数为 0.098 4，在 5% 显著性水平上显著（t 值为 2.03），这与假设 4-1 相一致，即出于对声誉的考虑，产品市场竞争的加剧会激励高管加大企业的 R&D 投入。

高管财务决策的其他影响因素，包括高管个人特质方面的以及公司层面的因素，如高管受教育水平（MGT_EDU）、高管任期（MGT_TEN）、高管持股（MGT_STOCK）等，均不显著，说明声誉机制能够很好地囊括其他因素的作用。ROE 与研发投入的回归系数为负，且在 1% 的显著性水平上显著，说明盈利能力本身已经代表了高管的经营能力，高管没有必要再去冒险进行研发活动。BM 与研发投入的回归系数为负，且在 1% 的显著性水平上显著，是因为 BM 本身代表一种财务困境风险（Fama and French，1992），这类公司的高管不会继续从事具有高风险的研发活动。

三、产品市场竞争、声誉机制与投资效率

表 4-4 列示了产品市场竞争、声誉机制与投资效率（EFF_INV）的回归结果。Model 1 只检测了产品市场竞争（PMC）与投资效率（EFF_INV）的关系，其系数为 -0.002 5，并不显著。和之前的研究一样，这说明产品市场竞争与投资效率的关系并不明确，需要考虑其影响机制。

表 4-4　　　　　　　产品市场竞争、声誉机制与投资效率

Variable	Model 1	Model 2	Model 3
Intercept	-0.008 3	-0.011 8	-0.000 4
	-0.39	-0.54	-0.01
PMC	-0.002 5	-0.002 2	0.006 5
	-0.29	-0.26	0.10
PMC_REP			-0.001 2
			-1.73*
REP			0.000 3
			0.93
MGT_EDU		-0.000 1	-0.000 3
		-0.11	-0.19
MGT_TEN		0.000 9	0.001 0
		0.86	1.02
MGT_STOCK		0.001 0	0.000 0
		0.18	0.00
SIZE	0.003 5	0.003 5	0.003 7
	3.46***	3.42***	3.57***
LEV	0.006 0	0.006 1	0.005 8
	1.25	1.26	1.20

续表

Variable	Model 1	Model 2	Model 3
ROE	− 0.002 4	− 0.002 4	− 0.002 5
	− 0.60	− 0.60	− 0.62
BM	− 0.006 2	− 0.006 1	− 0.006 1
	− 1.44	− 1.41	− 1.40
INSTITUTION	− 0.003 5	− 0.003 4	− 0.003 3
	− 0.88	− 0.86	− 0.82
AGE	− 0.001 1	− 0.001 1	− 0.001 1
	− 6.30***	− 5.88***	− 5.80***
IND	YES	YES	YES
YEAR	YES	YES	YES
NO.	2 943	2 943	2 943
R^2	9.39%	9.42%	9.47%

注：***、**、*分别代表在1%、5%、10%的显著性水平上显著。Model 1 是产品市场竞争与投资效率的回归结果；Model 2 加入高管个人特质以及公司层面因素进行回归分析；Model 3 进一步验证在声誉机制的约束下，产品市场竞争是否会对公司投资效率产生影响。所有模型均控制了行业（IND）及年份（YEAR）虚拟变量。

Model 2 加入了一些高管财务决策的影响因素，包括高管个人特质方面的以及公司层面的因素，如高管受教育水平（MGT_EDU）、高管任期（MGT_TEN）、高管持股（MGT_STOCK）等，结果均不显著，表明高管个人特质因素不能够很好地解释公司的投资效率（EFF_INV），也说明了为什么之前学者从高管个人特质出发，会得出截然不同的结论（Kimberly and Evanisko，1981；Dechow and Sloan，1991；Hambrick，Geletkanycz and Fredrickson，1993）。高管持股（MGT_STOCK）的回归结果也不显著，表明高管持股作为一种激励方式，可能对一些长期性的投资活动没有效果，更多的是体现在短期业绩上。

为了进一步验证在声誉机制的约束下，产品市场竞争对投资效率的影响，在 Model 2 的基础上加入声誉机制（REP）以及声誉机制与产品市场竞争的交乘项（PMC_REP），Model 3 即是模型（4-3）的回归结果。可以看到，声誉机制与产品市场竞争的交乘项（PMC_REP）的回归系数为 − 0.001 2，在10%显著性水平上显著（t 值为 − 1.73），这与假设 4-2 相一致，即在声誉机制的约束下，产品市场竞争会促使高管提高投资效率。

高管财务决策的其他影响因素，包括高管个人特质方面的以及公司层面的因素，如高管受教育水平（MGT_EDU）、高管任期（MGT_TEN）、高管持股（MGT_STOCK）等，均不显著，说明声誉机制能够很好地囊括其他因素的作用。公司规模（SIZE）与投资效率（EFF_INV）的回归系数为0.003 7，且在1%的显著性水平上显著（t 值为 3.57），说明规模大的公司，其投资效率相对较高，这说明相对于小公司的高管来说，大公司的高管受到的关注程度更高，其对声誉的在乎程度也更高。

四、产品市场竞争、声誉机制与盈余管理

表 4-5 列示了产品市场竞争、声誉机制与盈余管理（E_MGT）的回归结果。Model 1 只检测了产品市场竞争（PMC）与盈余管理（E_MGT）的关系，其系数为 − 0.026 4，并不显著。和之前的研究一样，这说明在不考虑其影响机制的情况下，产品市场竞争与盈余管理的关系并不明确。

表 4-5　　　　　　产品市场竞争、声誉机制与盈余管理

Variable	Model 1	Model 2	Model 3
Intercept	− 1.226 7	− 1.221 6	− 0.824 3
	− 2.40 **	− 2.33 **	− 1.34
PMC	− 0.026 4	− 0.021 5	1.449 7
	− 0.13	− 0.11	0.91
PMC_REP			− 0.030 9
			− 1.93 *
REP			0.009 9
			1.23
MGT_EDU		− 0.020 6	− 0.021 2
		− 0.64	− 0.65
MGT_TEN		0.013 2	0.015 0
		0.55	0.62

续表

Variable	Model 1	Model 2	Model 3
MGT_STOCK		− 0.086 5	− 0.103 9
		− 0.63	− 0.75
SIZE	0.059 4	0.061 7	0.065 0
	2.44 **	2.49 **	2.60 ***
LEV	0.239 3	0.228 0	0.223 0
	2.08 **	1.97 **	1.92 *
ROE	0.284 9	0.285 7	0.284 6
	2.97 ***	2.98 ***	2.97 ***
BM	0.078 7	0.075 5	0.074 8
	0.76	0.72	0.72
INSTITUTION	− 0.093 2	− 0.103 7	− 0.102 5
	− 0.99	− 1.08	− 1.07
AGE	0.001 8	0.001 2	0.001 5
	0.43	0.27	0.34
IND	YES	YES	YES
YEAR	YES	YES	YES
NO.	2 943	2 943	2 943
R^2	7.26%	7.29%	7.34%

注：*** 、** 、* 分别代表在 1% 、5% 、10% 的显著性水平上显著。Model 1 是产品市场竞争与盈余管理的回归结果；Model 2 加入高管个人特质以及公司层面因素进行回归分析；Model 3 进一步验证在声誉机制的约束下，产品市场竞争是否会对公司盈余管理行为产生影响。所有模型均控制了行业（IND）及年份（YEAR）虚拟变量。

Model 2 加入了一些高管财务决策的影响因素，包括高管个人特质方面的以及公司层面的，如高管受教育水平（MGT_EDU）、高管任期（MGT_TEN）、高管持股（MGT_STOCK）等，结果均不显著。表明高管个人特质因素不能够很好地解释公司的盈余管理（E_MGT），也说明了为什么之前学者从高管个人特质出发，会得出截然不同的结论（Kimberly and Evanisko，1981；Dechow and Sloan，1991；Hambrick，Geletkanycz and Fredrickson，1993）。高管持股（MGT_STOCK）的回归结果也不显著，表明高管持股作为一种激励方式，也未对盈余管理行为产生明显的影响。

为了进一步验证在声誉机制的约束下，产品市场竞争对盈余管理行为影响，在 Model 2 的基础上加入声誉机制（REP）以及声誉机制与产品市场竞争的交乘项（PMC_REP），Model 3 即是模型（4-4）的回归结果。可以看到，声誉机制与产品市场竞争的交乘项（PMC_REP）的回归系数为 -0.030 9，在 10% 的显著性水平上显著（t 值为 -1.93），这与假设 4-3 相一致，即在声誉机制的约束下，产品市场竞争会降低高管的盈余管理行为。

高管财务决策的其他影响因素，包括高管个人特质方面的以及公司层面的因素，如高管受教育水平（MGT_EDU）、高管任期（MGT_TEN）、高管持股（MGT_STOCK）等，均不显著，说明声誉机制能够很好地囊括其他因素的作用。公司规模（SIZE）与投资效率（EFF_INV）的回归系数为 0.065 0，且在 1% 的显著性水平上显著（t 值为 2.60），说明规模大的公司，其盈余管理程度相对较高。这说明相对于小公司的高管来说，大公司高管的压力更大，可能会为了完成目标而采取更多的盈余管理行为。杠杆水平（LEV）与盈余管理行为正相关，说明债权人的压力导致高管进行盈余管理来达到相应的要求，以避免债权人提前收回债务。

第六节　进一步分析

一、产品市场竞争、治理机制与高管财务决策

在实证研究中，产品市场竞争被看做是公司治理的又一个替代变量。有学者指出，产品市场竞争激励着高管尽力去控制产品成本（Raith，2003），花精力去维护产品市场（Schmidt，1997），从而降低公司破产的风险（Matsa，2011）。同时，产品市场竞争使得股东们能够很好地察觉高管的行为，从而制定出更合理的激励机制（Hart，1983；Karuna，2007），激励高管进行更多的创新活动（Hou and Robinson，2006；李春涛和宋敏，2010；Lin，Lin and Song，2011），提高生产率（Nickell，1996；Winston，

1998；Schmitz；2005），或者实行更有效的监管机制来减少高管的偷懒行为（Hart，1983；Giroud and Mueller，2011），降低代理成本（Ashbaugh-Skaife，Collins and LaFond，2006；Chen，Chen and Wei，2009）。如果产品市场竞争的治理机制有效，那么在治理环境差的公司，产品市场竞争应该显著改善公司高管的财务决策行为。

为了验证以上假说，本书首先将治理机制（GOV）分离出来，借鉴白重恩、刘俏和陆洲等（2005），伊志宏、姜付秀和秦义虎（2010），张会丽和陆正飞（2012）的研究，选取7个能够衡量公司治理的指标，包括第一大股东持股比率、第二到第十大股东持股比率之和、高管持股比率、国有股比率、独立董事比率、总经理与董事长是否兼任、是否交叉上市，运用主成分分析法进行处理。

然后，在模型（4-2）至模型（4-4）的基础上做了修改，将声誉机制替换为治理机制。同时，为了验证究竟是哪种机制在起作用，添加声誉机制和治理机制进行分析。表4-6列出了回归结果。Model 1 至 Model 3 是产品市场竞争、治理机制与高管财务决策的回归结果，其被解释变量依次是研发投入、投资效率和盈余管理。可以看出，治理机制单独并不起作用，这说明产品市场竞争实际上是通过其他因素来实现治理效应的。Model 4 至 Model 6 则同时考虑声誉机制和治理机制的回归结果，其被解释变量依次是研发投入、投资效率和盈余管理。可以看出，除了投资效率不显著外，研发投入和盈余管理的声誉机制都表现良好，进一步支持了假设4-1 和假设4-3，即在声誉机制的约束下，产品市场竞争会促使高管增加投资以及减少盈余管理行为。

表4-6　　　　产品市场竞争、治理机制与高管财务决策

Variable	Model 1	Model 2	Model 3	Model 4	Model 5	Model 6
Intercept	2.354 9	−0.012 1	−1.407 5	3.635 5	0.001 4	−0.982 2
	2.23**	−0.55	−2.65***	2.93***	0.05	−1.58
PMC	1.014 7	0.000 9	−0.545 9	5.552 1	0.012 3	1.168 6
	1.14	0.05	−1.22	1.72*	0.18	0.72

续表

Variable	Model 1	Model 2	Model 3	Model 4	Model 5	Model 6
PMC_REP				0.096 7	− 0.000 4	− 0.005 0
				1.99 **	− 1.09	− 3.23 ***
REP				0.032 2	− 0.000 2	− 0.010 5
				1.46	− 0.17	− 1.29
PMC_GOV	0.012 3	− 0.000 1	− 0.012 6	− 0.011 1	− 0.000 1	− 0.012 9
	1.34	− 0.25	− 0.69	− 0.61	− 0.27	− 1.40
GOV	− 0.000 2	0.000 0	0.004 9	0.000 1	0.000 0	0.036 6
	− 0.07	− 0.58	1.17	0.02	− 0.58	1.10
MGT_EDU	0.097 5	− 0.000 3	− 0.017 7	0.095 0	− 0.000 4	− 0.017 9
	1.50	− 0.22	− 0.54	1.46	− 0.31	− 0.55
MGT_TEN	− 0.083 0	0.001 0	0.010 4	− 0.076 0	0.001 2	0.012 0
	− 1.72 *	1.01	0.43	− 1.56	1.19	0.49
MGT_STOCK	0.086 2	0.001 3	− 0.048 6	0.028 8	0.000 2	− 0.064 8
	0.31	0.23	− 0.35	0.10	0.03	− 0.47
SIZE	− 0.070 5	0.003 6	0.062 9	− 0.059 4	0.003 8	0.066 0
	− 1.41	3.41 ***	2.50 ***	− 1.18	3.59 ***	2.61 ***
LEV	0.185 9	0.005 2	0.227 6	0.166 8	0.004 9	0.222 0
	0.80	1.08	1.94 *	0.71	1.00	1.89 *
ROE	− 2.974 7	− 0.002 4	0.252 9	− 2.979 1	− 0.002 5	0.251 9
	− 15.49 ***	− 0.60	2.62 ***	− 15.51 ***	− 0.63	2.61 ***
BM	− 0.629 9	− 0.005 3	0.008 7	− 0.633 1	− 0.005 3	0.007 3
	− 2.98 ***	− 1.20	0.08	− 2.99 ***	− 1.19	0.07
INSTITUTION	0.106 0	− 0.002 2	− 0.151 4	0.109 7	− 0.002 1	− 0.150 9
	0.54	− 0.55	− 1.54	0.56	− 0.51	− 1.54
AGE	0.007 1	− 0.001 0	0.002 2	0.008 2	− 0.001 0	0.002 5
	0.81	− 5.69 ***	0.49	0.93	− 5.60 ***	0.56
IND	YES	YES	YES	YES	YES	YES
YEAR	YES	YES	YES	YES	YES	YES
NO.	2 943	2 943	2 943	2 943	2 943	2 943
R^2	9.30%	4.44%	9.61%	9.42%	4.52%	9.67%

注：***、**、*分别代表在1%、5%、10%的显著性水平上显著。所有模型均控制了行业（IND）及年份（YEAR）虚拟变量。

二、产品市场竞争、产权性质与高管财务决策

随着我国国有企业改革的不断深化，进入壁垒逐渐降低，加上国际化竞争不断进入，中国的工业化取得了飞速发展（金碚，2012），各个产业均发生了从垄断向竞争的重大转变（简泽，2011）。学者们普遍认为非国有企业由于自负盈亏，不得不提高效率以求在竞争中生存（姚洋，1998）。但是，面对竞争，国有企业也必须采取一系列的措施。Li（1997）的研究以国有企业的视角证明了市场化改革所带来的效率的提升，他发现，随着市场化改革的不断深入，国有企业的全要素生产率有了明显的提升。Pinto, Belka and Krajewski et al.（1993）也发现，随着市场化的推进，如价格管制的放松、竞争水平的上升等，波兰国有企业的经营业绩有了明显改善。Sun and Tong（2003）对中国市场上国有企业的私有化改革进行研究，发现私有化提升了国有企业的盈利能力，而且销售能力以及生产率也有了明显改善。由于国有企业高管职业发展路径明确，产品市场的竞争可能会促使国有企业的高管更加关注自己的声誉，以免影响后续的升迁。

为了验证以上假说，本章将样本按照其产权性质（SOE）进行划分，然后进行分组回归处理。表4-7列出了回归结果，Model 1 至 Model 3 是产品市场竞争、治理机制与国有企业高管财务决策的回归结果；Model 4 至 Model 6 是产品市场竞争、治理机制与非国有企业高管财务决策的回归结果。其被解释变量依次是研发投入、投资效率和盈余管理。可以看出，在国有企业中，声誉机制对于高管的作用更为明显，声誉机制与产品市场竞争的交乘项（PMC_REP）系数分别为 0.075 1、−0.008 7 和 −0.018 1，且均在10%的显著性水平上显著（t 值分别为 1.72、−1.66 和 −2.28）；在非国有企业组的回归中，交乘项并不显著。总的来说，基本支持假设4-1、假设4-2 和假设4-3，即相对于非国有企业，国有企业高管更加关注声誉，在产品市场竞争的压力下，高管会增加研发投入、提高投资效率以及减少

盈余管理。这为国有企业改革提供了一个新的思路。

表 4-7   **产品市场竞争、产权性质与高管财务决策**

Variable	Model 1	Model 2	Model 3	Model 4	Model 5	Model 6
Intercept	1.057 3	− 0.062 0	− 0.176 8	4.071 1	0.021 9	− 1.023 2
	2.14 **	− 1.04	− 0.24	2.54 **	0.73	− 1.27
PMC	3.670 0	− 0.407 8	0.600 2	5.559 5	0.053 4	1.445 6
	1.72 *	− 1.59	0.19	1.52	0.78	0.79
PMC_REP	0.075 1	− 0.008 7	− 0.018 1	0.106 8	0.001 3	− 0.029 3
	1.72 *	− 1.66 *	− 2.28 **	1.40	0.92	− 0.76
REP	0.023 5	− 0.001 3	0.008 9	0.037 7	0.000 6	0.008 6
	3.03 ***	− 1.36	0.78	1.93 *	1.67 *	0.88
MGT_EDU	0.013 5	0.002 6	− 0.012 1	0.108 7	− 0.000 6	− 0.024 0
	0.51	0.80	− 0.31	1.36	− 0.37	− 0.60
MGT_TEN	0.012 1	0.000 3	− 0.012 0	− 0.082 0	0.000 7	0.019 6
	0.60	0.12	− 0.40	− 1.38	0.58	0.66
MGT_STOCK	− 0.012 1	0.166 7	− 0.239 4	0.092 0	− 0.003 6	− 0.115 9
	− 0.03	3.01 ***	− 0.35	0.29	− 0.60	− 0.73
SIZE	0.014 6	0.002 4	0.016 8	− 0.078 1	0.003 9	0.079 3
	0.83	1.16	0.66	− 1.21	3.22 ***	2.45 **
LEV	0.080 4	0.018 1	0.367 6	0.120 5	0.001 6	0.199 2
	0.88	1.64	2.73 ***	0.42	0.29	1.38
ROE	− 0.023 0	− 0.006 6	0.097 1	− 4.194 2	− 0.000 7	0.358 8
	− 0.37	− 0.88	1.06	− 16.71 ***	− 0.15	2.85 ***
BM	− 0.116 9	− 0.001 9	0.181 0	− 0.762 9	− 0.005 2	0.030 6
	− 1.50	− 0.20	1.59	− 2.88 ***	− 1.04	0.23
INSTITUTION	− 0.095 0	− 0.002 8	0.300 2	0.141 3	− 0.002 1	− 0.201 0
	− 1.29	− 0.31	2.79 ***	0.58	− 0.45	− 1.64
AGE	− 0.001 6	− 0.000 6	0.000 5	0.011 6	− 0.001 1	0.002 8
	− 0.50	− 1.66 *	0.11	1.04	− 5.31 ***	0.50
IND	YES	YES	YES	YES	YES	YES
YEAR	YES	YES	YES	YES	YES	YES
NO.	652	652	652	2 291	2 291	2 291
R^2	14.20%	9.05%	15.20%	12.82%	4.98%	14.79%

注：***、**、* 分别代表在 1%、5%、10% 的显著性水平上显著。所有模型均控制了行业（IND）及年份（YEAR）虚拟变量。

第七节　稳健性检验

一、产品市场竞争替代变量

为了验证产品市场竞争与高管财务决策在声誉机制下作用的稳健性，本章将制造业的各个子行业（C0-C99）汇总为行业 C，重新计算产品市场竞争数据，作为产品市场竞争的一个替代变量（PMC_A）进行回归分析，结果列示在表 4-8 中。Model 1 是产品市场竞争与研发投入的回归结果；Model 2 是产品市场竞争与投资效率的回归结果；Model 3 是产品市场竞争与盈余管理的回归结果。

表 4-8　　产品市场竞争、声誉机制与高管财务决策：替代变量

Variable	Model 1	Model 2	Model 3
Intercept	3. 104 3	0. 012 2	0. 033 3
	2. 65 ***	0. 49	0. 85
PMC_A	5. 312 1	0. 075 2	1. 424 4
	1. 39	0. 94	0. 74
PMC_A _REP	0. 024 7	− 0. 001 0	− 0. 965 7
	1. 93 *	− 5. 77 ***	− 1. 63
REP	0. 107 1	0. 000 4	0. 007 4
	1. 38	1. 40	1. 14
MGT_EDU	0. 084 8	− 0. 000 2	− 0. 021 9
	1. 32	− 0. 18	− 0. 68
MGT_TEN	− 0. 076 6	0. 001 2	0. 014 8
	− 1. 59	1. 15	0. 61
MGT_STOCK	0. 038 1	0. 000 2	− 0. 101 9
	0. 14	0. 04	− 0. 74
SIZE	− 0. 054 9	0. 003 8	0. 063 7
	− 1. 11	3. 62 ***	2. 55 ***

续表

Variable	Model 1	Model 2	Model 3
LEV	0.160 1	0.005 8	0.224 5
	0.70	1.20	1.94
ROE	−2.953 8	−0.002 6	0.284 3
	−15.56***	−0.65	2.96***
BM	−0.617 8	−0.006 5	0.074 0
	−2.98***	−1.50	0.71
INSTITUTION	0.120 5	−0.003 8	−0.101 9
	0.63	−0.95	−1.06
AGE	0.008 7	0.001 0	0.001 6
	1.01	0.63	0.36
IND	YES	YES	YES
YEAR	YES	YES	YES
NO.	2 943	2 943	2 943
R^2	9.29%	4.58%	9.35%

注：***、**、*分别代表在1%、5%、10%的显著性水平上显著。所有模型均控制了行业（IND）及年份（YEAR）虚拟变量。

从结果可以看出，产品市场竞争与声誉机制的交乘项在 Model 1 和 Model 2 中均显著（t 值分别为 1.93 和 −5.77），基本支持假设 4-1 和假设 4-2，即在声誉机制的约束下，产品市场竞争会增加高管的研发投入和投资效率。

二、声誉机制分组检验

为了进一步验证声誉假说的合理性，本章根据声誉机制（REP）将企业分为四组，考察在声誉机制低组和高组之间，产品市场竞争与高管财务决策之间的关系。如果声誉假说真的成立，那么在声誉机制低的组中，产品市场竞争（PMC）应该不显著；在声誉机制高的组，产品市场竞争（PMC）应该显著。

表4-9列出了基本的回归结果。Model 1 至 Model 3 为声誉机制低的一

组，其中，Model 1 是产品市场竞争与研发支出的回归结果；Model 2 是产品市场竞争与投资效率的回归结果；Model 3 是产品市场竞争与盈余管理的回归结果。Model 4 至 Model 6 为声誉机制高的一组，依次是产品市场竞争与研发支出、投资效率和盈余管理的回归结果。其被解释变量依次分别是研发投入、投资效率和盈余管理。

表4-9　　产品市场竞争、声誉机制与高管财务决策：声誉机制分组检验

Variable	Model 1	Model 2	Model 3	Model 4	Model 5	Model 6
Intercept	0.428 7	− 0.052 1	− 0.157 9	− 2.646 7	− 0.004 3	− 0.462 1
	2.38 **	− 1.41	− 0.36	− 0.80	− 0.08	− 1.49
PMC	0.019 6	0.012 3	− 0.288 9	0.320 4	− 0.018 4	− 0.021 0
	0.24	0.74	− 1.44	1.71 *	− 1.77 *	− 1.50
MGT_EDU	0.016 7	− 0.001 3	− 0.006 8	1.280 4	− 0.001 2	0.006 6
	1.42	− 0.56	− 0.24	1.18	− 0.41	0.37
MGT_TEN	− 0.002 2	0.000 6	− 0.002 9	− 0.170 4	− 0.000 1	− 0.047 1
	− 0.27	0.39	− 0.14	− 1.14	− 0.06	− 0.46
MGT_STOCK	0.050 2	− 0.020 4	− 0.019 9	0.037 2	0.006 6	− 0.015 0
	0.73	− 1.45	− 0.12	0.06	0.67	− 0.25
SIZE	− 0.010 4	0.006 7	0.007 6	0.283 1	0.005 0	0.038 4
	− 1.20	3.76 ***	0.36	1.77	2.04 **	2.56 **
LEV	− 0.019 2	0.012 4	0.172 0	0.022 8	− 0.018 3	0.056 4
	− 0.42	1.33	1.54	0.03	− 1.10	0.89
ROE	− 0.069 0	− 0.005 4	0.352 7	− 1.915 8	− 0.001 5	0.099 7
	− 0.94	− 0.36	1.96 **	− 2.71 ***	− 0.14	1.51
BM	− 0.055 6	− 0.014 2	0.146 8	− 2.172 3	0.000 4	0.059 2
	− 1.39	− 1.73 *	1.50	− 3.70 ***	0.04	1.08
INSTITUTION	− 0.034 5	− 0.014 1	0.076 3	0.953 0	0.009 0	0.047 4
	− 0.94	− 1.87 *	0.85	1.69 *	1.04	0.90
AGE	0.000 8	− 0.002 0	− 0.000 5	− 0.006 3	− 0.000 9	− 0.001 8
	0.45	− 5.95 ***	− 0.11	− 0.24	− 2.34 **	− 0.75

续表

Variable	Model 1	Model 2	Model 3	Model 4	Model 5	Model 6
IND	YES	YES	YES	YES	YES	YES
YEAR	YES	YES	YES	YES	YES	YES
NO.	734	734	734	736	736	736
R^2	12.09%	10.34%	11.77%	53.84%	10.48%	13.45%

注：***、**、*分别代表在1%、5%、10%的显著性水平上显著。所有模型均控制了行业（IND）及年份（YEAR）虚拟变量。

从表中可以看出，在声誉机制低的一组，产品市场竞争（PMC）与研发支出（R&DtREV）、投资效率（EFF_INV）、盈余管理（E_MGT）的回归结果均不显著，说明在声誉机制低的公司中，产品市场竞争对高管的激励作用并不明显。相反，在声誉机制高的一组，产品市场竞争（PMC）与研发支出（R&DtREV）、投资效率（EFF_INV）的回归系数分别为0.3204和-0.0184，且均在10%的显著性水平上显著（*t*值分别为1.71和-1.77），表明在声誉机制高的公司，产品市场竞争会加大企业的R&D投入，提高企业投资效率，基本支持声誉假说。

第八节 本章小结

竞争是现代市场的一个主要特征（Nalebuff and Stiglitz，1983），随着我国国有企业改革的不断深化，进入壁垒逐渐降低，加上国际化竞争不断进入，中国的工业化取得了飞速发展（金碚，2012），各个产业均发生了从垄断向竞争的重大转变（简泽，2011）。从长期来看，产品市场竞争与公司行为之间存在相关性。现有研究仅仅探讨了产品市场竞争会对高管的一些财务决策产生影响，并没有得出一致的结论，且对于产品市场竞争基于何种机制对高管决策产生影响，也没有给出直接的证据。

本章从声誉机制出发，通过对2005—2012年A股所有上市公司的实证研究发现，产品市场竞争使得股东们能够很好地察觉高管的行为，从而制定出更合理的激励机制（Hart，1983；Karuna，2007），提高生产率（Nickell，1996；Winston，1998；Schmitz；2005），或者实行更有效的监管机制来减少高管的偷懒行为（Hart，1983；Giroud and Mueller，2011），降低代理成本（Ashbaugh-Skaife, Collins and LaFond，2006；Chen, Chen and Wei，2009）。并且，随着经理人市场的不断完善（Tadelis，2002；李波和单漫与，2009），高管为了维护自己在经理人市场上的声誉（Beasley，1996；袁春生，吴永明和韩洪灵，2008）以及保住自己的工作（Schmidt，1997），都会不断地进行创新活动、提高投资效率以及减少盈余管理行为。

进一步的研究发现，产品市场竞争的声誉机制在控制了治理机制后仍然存在，且声誉机制在国有企业中表现更为明显，对国有企业的改革提供了一个新的思路。最后，本章使用产品市场竞争替代变量以及根据声誉机制程度分组进行稳健性检验，以上结果均保持不变。说明在声誉机制的作用下，产品市场竞争确实能够影响高管的财务决策，如在增加研发投入、提高投资效率以及减少盈余管理行为等方面。

第五章

媒体报道、信息传播效应
与高管财务决策

第一节　引　言

如今媒体向大众尤其是个人投资者传播信息的角色越来越重要。如果考虑到网络媒体，实际的受众人数可能更多，其影响程度不亚于公司其他信息来源。作为媒体，其主要职能是搜集、选择、证实以及重新组合信息，这些都会显著降低信息需求者的成本。比如，有了《华尔街日报》刊登的关于共同基金的季度表现的报道，投资者根本不需要花时间亲自去搜集所需要的信息，只需要扫一眼便可获知。此外，一些信息通常在新闻和娱乐等方面具有互补性，比如热点话题以及令人兴奋的话题等，媒体通常能够将所有的信息吸收并重新整合（Becker and Murphy，1993；Dyck，Moss and Zingales，2005）。

由于信息的使用者经常会遇到理性忽视悖论（Downs，1957），即获取信息的成本通常超过了利用此信息所能带来的收益，因此，媒体的这种降低信息成本的作用十分重要，以至于媒体报道能够帮助解决这个困境（Dyck，Moss and Zingales，2005）。一般来说，媒体报道会减少信息不对称程度（戴亦一，潘越和刘思超，2011）。媒体关注上市公司重大事件，如并购、CEO聘任等，利用其自身专业知识和信息挖掘、加工优势，向投资者，特别是中小投资者提供及时、准确、详尽的信息（Rogers，Skinner and Zechman，

2013)，降低了投资者获取信息的成本，增强了上市公司高管与投资者之间的信息联系，有效地缓解了公司与投资者之间的信息不对称。

随着对媒体报道研究的深入，媒体报道与市场表现之间的研究逐渐涌现（Klibanoff，Lamont and Wizman，1998；Tetlock，2007；Tetlock，Saar-Tsechansky and Macskassy，2008；Fang and Peress，2009）。Klibanoff，Lamont and Wizman（1998）认为，《纽约时报》头版报道的地区消息会影响该地区封闭式基金的价格，并指出价格最终会朝着基本面信息靠近，且媒体报道会加速这一进程。Tetlock（2007）以媒体报道的内容为切入点，指出媒体悲观的预测会对市场造成向下的压力，随后伴随着反转现象。Tetlock，Saar-Tsechansky and Macskassy（2008）进一步证实了媒体报道中的负面评论能够影响股票的收益。他们指出，媒体报道中实质性的信息含量会提高股价的有效性。Fang and Peress（2009）则首次直接探讨了媒体报道与股票价格之间的关系，指出媒体能够减轻信息不对称程度并影响股票价格。他们发现，没有媒体报道的股票存在一个"无报道溢价"，这个溢价在小公司以及信息不对称严重的公司表现得更为明显。

与此同时，也有学者指出，媒体具有公司治理效应（Dyck，Volchkova and Zingales，2008；李培功和沈艺峰，2010；戴亦一、潘越和刘思超，2011）。Dyck，Volchkova and Zingales（2008）通过研究 1999—2002 年媒体报道对俄罗斯公司治理的效应，发现投资基金的游说会增加公司治理违规的报道，并且会增加后续关于公司治理改善的报道。李培功和沈艺峰（2010）从上市公司改正违规行为的视角出发，认为媒体报道能够帮助上市公司改正其违规行为。戴亦一、潘越和刘思超（2011）则从财务重述的角度证明了媒体的治理效应。

但是，以上研究均基于事件发生之后，实际上，媒体报道在事情发生之前就会对公司高管产生一定的约束作用（罗进辉，2012）。对于公司高管（尤其是理性的高管）而言，其在做财务决策时都会考虑该决策所能带来的利益与该决策的成本之间的关系。其中，成本主要包括声誉成本和惩罚成本。首先，媒体报道会相应地增加声誉成本（Dyck，Volchkova and Zingales，2008）。从社会学的角度来看，高管对其个人声誉的关注会导致其向市场压力妥协。从 Fama（1980）的研究开始，大量的财务学文献指出声誉机制对公司高管的约束作用。早期的文献，如 Fama（1980）以及 Fama and Jensen（1983）强调高管的声誉取决于提供工作和薪资的雇主。尽管高管任期逐渐缩短，高管的频繁跳槽也不常见。此外，由于公司需要从外部市场融资，高管也会关注自己的声誉以便后续能够获得融资（Diamond，1989）。

其次，由于媒体的"轰动效应"（熊艳，李常青和魏志华，2011），媒体报道也会增加惩罚成本（Dyck，Volchkova and Zingales，2008）。随着各大主流媒体对上市公司财务造假事件的披露，媒体通过跟踪报道和持续关注（Fang and Peress，2009），曝光上市公司各类违法丑闻，能够有效地监督上市公司高管的舞弊行为（贺建刚，魏明海和刘峰，2008；戴亦一，潘越和刘思超，2011；徐莉萍和辛宇，2011；权小峰和吴世农，2012）。

由此可见，在所能获得的利益不变的情况下，媒体报道增加了声誉成本和惩罚成本。面对如此情形，高管财务决策（如研发决策、投资决策以及盈余管理行为等）是否会发生变化，是本章需要探讨的问题。

本章其他部分安排如下：第二节通过理论分析得出本章的研究假设；第三节是研究设计，介绍本章样本和变量的选择以及模型设计；第四节是实证分析，对研究假设进行验证；第五节对本章的研究进行拓展；第六节对结果的稳健性进行检验；第七节给出研究结论。

第二节　理论分析与研究假设

一、媒体报道与研发活动

由于研发活动具有长期性和复杂性（Kelm，Narayanan and Pinches，1995；

Holmstrom，1989)，导致其在会计上的计量也带有较大的不确定性（Kothari，Laguerre and Leone，2002)。一个直接的后果就是企业财务报表中有关研发投入的信息披露不充分，造成投资者与高管之间的信息不对称（Bhattacharya and Ritter，1983)，使得高管的努力不能被更好地识别（He and Tian，2013)。为了能够达到市场的预期，管理层在决策时通常会减少 R&D 活动的投入，转而将更多的精力和资金投入到那些能够快速且稳定获得收益的项目。

媒体关注上市公司重大事件，如并购、CEO 聘任等，利用自身专业知识和信息挖掘、加工优势，向投资者（特别是中小投资者）提供及时、准确、详尽的信息（Rogers，Skinner and Zechman，2013)，降低了投资者获取信息的成本，增强了上市公司高管与投资者之间的信息联系，有效地缓解了公司与投资者之间的信息不对称（Lys and Sohn，1990；Frankel and Li，2004；潘越，戴亦一和林超群，2011)，同时也会吸引外部分析师的关注（于忠泊，田高良和齐保垒等，2011)，进一步地帮助投资者理解、认识以及正确地评估企业的 R&D 活动（Amir，Lev and Sougiannis，1999；Chan，Lakonishok and Sougiannis，2000；Barth，Kasznik and McNichols，2001；Kimbrough，2007；徐欣和唐清泉，2010)。

与此同时，媒体报道也会相应地增加声誉成本（Dyck，Volchkova and Zingales，2008)，进而减少股东与高管之间的代理成本（罗进辉，2012)，从而抑制上市公司高管的道德风险，改善其短视行为，增加对 R&D 活动的投入。由此提出本章的第一个假设。

假设 5-1：媒体报道能够降低信息不对称，增加高管的声誉成本，促使高管加大企业的 R&D 投入。

但是，媒体报道在解决信息不对称问题的同时，经常会给高管带来一定的压力（于忠泊，田高良和齐保垒等，2011)。媒体的"轰动效应"会给公司资本市场的表现带来严重的影响（熊艳，李常青和魏志华，2011)，R&D 活动的高风险性可能会迫使高管放弃冒险（Bushee，1998；Manso，2011)。由此提出假设 5-1 的备择假设。

假设 5-1A：媒体报道会增加公司高管的压力，加重高管的短视行为，减少 R&D 投入。

二、媒体报道与投资

在信息不对称的情况下，股东和高管之间的代理问题一直存在（罗进辉，2012），具体表现在上市公司高管通常会放弃一些长期能够盈利，但是短期内无收益的项目，或者是大量投资于负现金流的项目（Asker，Farre-Mensa and Ljungqvist，2011），使得企业的投资效率显著降低（Healy and Palepu，2001；Biddle and Hilary，2006）。这种由信息不对称所带来的投资效率低下的问题在我国股权制度背景下愈发严重（潘敏和金岩，2003）。

一般来说，媒体报道会减少信息不对称程度（戴亦一，潘越和刘思超，2011），在一定程度上缓解股东和高管之间的代理问题（罗进辉，2012）。与此同时，媒体报道所带来的高管声誉成本的增加也会在一定程度上抑制高管的短视行为（Dyck，Volchkova and Zingales，2008）。但是，由于媒体更多地关注短期的利益（于忠泊，田高良和齐保垒等，2011），因此对于公司高管来说，完成短期目标，尽可能地降低声誉成本和惩罚成本比长期利益更重要。由此提出本章的第二个假设及其备择假设。

假设 5-2：媒体报道进能够减少信息不对称，缓解股东和高管之间的代理问题，提升高管的投资效率。

假设 5-2A：媒体报道会增加高管的短期业绩压力，加重高管的短视行为，降低企业的投资效率。

三、媒体报道与盈余管理

以往对于媒体报道与盈余管理的研究主要是基于监督视角展开的，认为媒体报道能够有效地控制高管的盈余管理行为。媒体通过跟踪报道和持续关注（Fang and Peress，2009），曝光上市公司各类违法丑闻，能够有效地监督上市公司高管的舞弊行为（贺建刚，魏明海和刘峰，2008；戴亦一，潘越和刘思超，2011；徐莉萍和辛宇，2011；权小峰和吴世农，2012），并且能够提升对舞弊行为进行惩罚的可能性，加大相应的惩罚力度（Dyck，Volchkova and Zingales，2008）。尤其是在会计丑闻的揭发与报道方面，其作用更为明显（Miller，2006）。

本书认为，媒体利用其自身专业知识和信息挖掘、加工优势，向投资者（特别是中小投资者）提供及时、准确、详尽的信息（Rogers，Skinner and Zechman，2013），降低了投资者获取信息的成本，帮助识别出上市公司高管的盈余管理行为（Ball and Shivakumar，2008；Yu，2008）。并且，由于媒体报道所带来的声誉成本和惩罚成本的增加（Dyck，Volchkova and Zingales，2008；权小峰和吴世农，2012），会促使高管减少盈余管理行为。由此提出本章的第三个假设。

假设5-3：媒体报道进能够减少信息不对称，提高声誉成本和惩罚成本，约束高管的盈余管理行为。

但是，另一方面，迫于市场上的压力（于忠泊，田高良和齐保垒等，2011），公司高管可能会努力地去迎合投资者等对公司盈余的预期，包括分析师预测等（Fuller and Jensen，2002），从而增加高管的盈余管理行为。由此提出假设5-3的备择假设。

假设5-3A：媒体报道会提升公司的透明度，增加高管的业绩压力，迫使高管采取盈余管理。

第三节　研究设计

一、数据来源与样本选择

本章研究样本区间涵盖2005—2012年A股所有上市公司，数据主要要来源于 WIND、CSMAR 等数据库。其中，媒体报道数据来源于 CNKI 中国重要报纸全文数据库，上市公司高管数据、研发投入数据主要来源于WIND，其他财务数据主要来源于 CSMAR，并作了如下处理：（1）删除财务状况异常的公司（如 ST 公司）；（2）剔除金融保险行业和综合业两个行业的公司；（3）剔除其他控制变量缺失的样本。最终得到 2 943 个观测值。

二、变量定义

1. 研发投入

关于研发投入（R&DtREV），有两种衡量方法（详见第三章）。为了便于研究，我们将研发支出以销售收入（REV）进行标准化处理（Lee and O'Neili，2003；刘运国和刘雯，2007）。

2. 投资效率

参照 Richardson（2006），投资效率（EFF_INV）是实际投资与预期投资的差额，即回归方程的残差值。其值大于零表示过度投资，小于零表示投资不足。其绝对值代表投资效率，数值越大，投资效率越低。具体计算公式见公式（3-1）至公式（3-3）。

3. 盈余管理（E_MGT）

参照 Dechow，Sloan and Sweeney（1995）修正的 Jones 模型，盈余管理（E_MGT）为总应计利润与非可操纵应计利润之差，即回归方程的残差值。本书采用残差值的绝对值来衡量盈余管理程度。计算公式见公式（3-4）。

4. 媒体报道

对媒体报道（MEDIA）的衡量，考虑到网络媒体的公信力问题（戴亦一，潘越和刘思超，2011），以及部分媒体对"轰动效应"的追逐（熊艳，李常青和魏志华，2011），本书主要参照李培功和沈艺峰（2010）的做法，选择了中国证监会制定的四大上市公司信息披露专门报纸，包括中国证券报、上海证券报、证券日报、证券时报，以及戴亦一，潘越和刘思超（2011）选择的四份在市场上有影响力的财经类报纸，包括中国经营报、21世纪经济报道、第一财经日报和经济观察报，一共八份报纸的媒体报道数据，通过使用"标题查询"及"主题查询"对公司的名称、代码以及简称进行查询和统计，得出媒体报道次数（MEDIA）。

5. 控制变量

本书中所称的高管主要是指公司的董事、监事以及高级管理人员，包括董事长、副董事长、总经理、副总经理、董事会秘书等。衡量高管特质的指标包括高管年龄、高管任期以及高管受教育水平。高管持股比率（MGT_STOCK）为上市公司高管的持股比率，衡量公司因素。

其他控制变量包括公司规模（SIZE）、财务杠杆（LEV）、资产收益率（ROA）、账面市值比（BM）、机构持股（INSTITUTION）和年龄（AGE）（详见第三章）。变量描述详见表5-1。

表 5-1 变量描述

变量代码	变量名称	计算方法	参考文献
被解释变量			
R&DtREV	研发投入	研发支出与销售收入的比值	Lee and O'Neili（2003）；刘运国和刘雯（2007）
EFF_INV	投资效率	根据公式（3-1）计算得出	Richardson（2006）
E_MGT	盈余管理	根据公式（3-4）计算得出	Dechow, Sloan and Sweeney（1995）
解释变量			
MEDIA	媒体报道次数	媒体报道次数	李培功和沈艺峰（2010）；戴亦一，潘越和刘思超（2011）
MEDIA_LAG	媒体报道次数	上一年媒体报道次数	

续表

变量代码	变量名称	计算方法	参考文献
解释变量			
MEDIA_A	媒体报道	根据公式（5-4）计算得出	徐莉萍和辛宇（2011）
INF_ASY	信息不对称	根据公式（3-8）计算得出	Amihud（2002）
GOV	治理机制	选取 7 个公司治理指标，利用主成分分析法计算得出	白重恩，刘俏和陆洲等（2005）、伊志宏，姜付秀和秦义虎（2010；张会丽和陆正飞（2012）
控制变量			
MGT_AGE	高管年龄	高管的平均年龄	He and Tian（2013）
MGT_TEN	高管任期	高管的平均任期	刘运国和刘雯（2007）
MGT_EDU	高管受教育水平	高管的平均受教育水平，其中：1＝中专及中专以下，2＝大专，3＝本科，4＝硕士研究生，5＝博士研究生	郭葆春和张丹（2013）
MGT_STOCK	高管持股比率	高管的持股比率	郭葆春和张丹（2013）
SIZE	公司规模	总资产自然对数	徐欣和唐清泉（2010）；He and Tian（2013）
LEV	财务杠杆	负债与总资产比值	徐欣和唐清泉（2010）；He and Tian（2013）
ROE	净资产收益率	净利润与所有者权益比值	He and Tian（2013）
BM	账面市值比	账面价值与市场价值比值	He and Tian（2013）
INSTITUTION	机构持股	机构持股比率	He and Tian（2013）
AGE	上市年龄	上市年限	He and Tian（2013）

三、模型设计

为了验证假设 5-1，构建模型如下：

$$R\&DtREV_t = \alpha + \beta MEDIA_t + \gamma_1 MGT\_AGE_t + \gamma_2 MGT\_TEN_t +$$
$$\gamma_3 MGT\_EDU_t + \gamma_4 MGT\_STOCK_t + \gamma_5 SIZE_t + \gamma_6 LEV_t +$$
$$\gamma_7 ROE_t + \gamma_8 BM_t + \gamma_9 INSTITUTION_t + \varepsilon \qquad (5-1)$$

如果 β 显著为正，则支持假设 5-1，即媒体报道能够降低信息不对称，增加高管的声誉成本，促使高管加大企业的 R&D 投入。

为了验证假设 5-2，构建模型如下：

$$EFF\_INV_t = \alpha + \delta MEDIA_t + \gamma_1 MGT\_AGE_t + \gamma_2 MGT\_TEN_t +$$
$$\gamma_3 MGT\_EDU_t + \gamma_4 MGT\_STOCK_t + \gamma_5 SIZE_t + \gamma_6 LEV_t +$$
$$\gamma_7 ROE_t + \gamma_8 BM_t + \gamma_9 INSTITUTION_t + \varepsilon \qquad (5-2)$$

根据假设 5-2，如果 δ 显著为负，则说明媒体报道能够减少信息不对称，缓解股东和高管之间的代理问题，提升高管的投资效率。

为了验证假设 5-3，构建模型如下：

$$E\_MGT_t = \alpha + \lambda MEDIA_t + \gamma_1 MGT\_AGE_t + \gamma_2 MGT\_TEN_t +$$
$$\gamma_3 MGT\_EDU_t + \gamma_4 MGT\_STOCK_t + \gamma_5 SIZE_t + \gamma_6 LEV_t +$$
$$\gamma_7 ROE_t + \gamma_8 BM_t + \gamma_9 INSTITUTION_t + \varepsilon \qquad (5-3)$$

根据假设 5-3，如果 λ 显著为负，则说明媒体报道能够减少信息不对称，提高声誉成本和惩罚成本，约束高管的盈余管理行为。

第四节　实证分析

一、描述性统计

表 5-2（a）列出了主要变量的描述性统计，其中研发支出（R&DtREV）的中位数仅为 0.085 7，远低于平均水平 0.181 9，也就是说，研发支出存在左偏差，大部分企业研发投入较小，少数企业在研发

方面投入较大，其标准差为 1.997 7 也证明了不同企业的研发政策差异较大。媒体报道数据平均值为 7.346 0，中位数为 4.000 0，表明部分企业被媒体关注的程度更高，从其标准差（11.195 3）也可以看出媒体报道的差异化。

表 5-2（b）详细地列示了媒体报道（MEDIA）的数据。可以看出，2007—2012 年，媒体报道的均值从 2007 年的 12.796 5 降到 2012 年的 8.345 4，从中位数的统计结果可以更直接地看出，媒体报道的深度明显呈现出下降的趋势（2007 年媒体报道中位数为 9.000 0，2012 年为 3.000 0）。此外，媒体报道的公司数和当年总公司数量的比值（Percent）也呈现出下降的趋势，主要原因是：一方面上市公司的增加导致了媒体报道的目标增加；另一方面数据筛选过程可能在删除缺失值的时候剔除了部分被媒体报道的公司。

表 5-2（c）是主要变量之间的相关性系数。媒体报道（MEDIA）与研发投入（R&DtREV）之间的相关性系数为 0.083 7，但是并不显著。媒体报道（MEDIA）与投资效率（EFF_INV）之间的相关性系数为 −0.009 0，且在 1% 的显著性水平上显著，基本支持了假设 5-2，即媒体报道进能够减少信息不对称，缓解股东和高管之间的代理问题，提升高管的投资效率。媒体报道（MEDIA）与盈余管理（E_MGT）之间的相关性系数为 0.028 2，但是并不显著。其他控制变量的相关性系数基本与已有研究保持一致，说明了控制变量选取和衡量的有效性。此外，从相关性系数的值来看，多重共线性的现象并不存在。但是，由于单变量分析并未考虑到其他因素的影响，因此其结果并不具有较强的说服力，需要通过多元回归分析来进一步验证。

表 5-2　　　　　　　　主要变量描述性统计及相关性分析

（a）Panel A 描述性统计

Variable	N	MEAN	MEDIAN	STD	Q1	Q3
R&DtREV	2 943	0.181 9	0.085 7	1.997 7	0.049 1	0.147 0
EFF_INV	2 943	0.041 9	0.031 5	0.041 1	0.014 6	0.054 1
E_MGT	2 943	0.312 5	0.217 6	0.972 2	0.105 0	0.370 9

Variable	N	MEAN	MEDIAN	STD	Q1	Q3
MEDIA	2 943	7. 246 0	4. 000 0	11. 195 3	2. 000 0	9. 000 0
MGT_ AGE	2 943	47. 601 9	47. 538 5	3. 714 0	45. 352 9	49. 625 0
MGT_ EDU	2 943	3. 436 0	3. 421 1	0. 592 7	3. 000 0	3. 736 8
MGT_ TEN	2 943	3. 070 1	2. 956 5	0. 817 0	2. 772 7	3. 000 0
MGT_ STOCK	2 943	0. 071 6	0. 000 0	0. 160 4	0. 000 0	0. 024 0
SIZE	2 943	21. 759 1	21. 602 5	1. 161 9	20. 918 4	22. 455 4
LEV	2 943	0. 448 3	0. 456 9	0. 214 2	0. 286 9	0. 616 2
ROE	2943	0. 087 9	0. 088 9	0. 194 4	0. 049 3	0. 140 6
BM	2 943	0. 655 0	0. 644 9	0. 274 3	0. 448 8	0. 839 8
INSTITUTION	2 943	0. 374 3	0. 364 7	0. 234 2	0. 179 5	0. 553 8
AGE	2 943	7. 369 0	7. 000 0	5. 332 1	2. 000 0	12. 000 0

（b）Panel B 媒体报道描述性统计

Year	N	MEAN	MEDIAN	STD	Q1	Q3	Percent
2007	231	12. 796 5	9. 000 0	11. 696 8	6. 000 0	16. 000 0	0. 943 7
2008	379	10. 403 7	7. 000 0	11. 230 8	3. 000 0	13. 000 0	0. 952 5
2009	499	5. 767 5	4. 000 0	7. 803 7	2. 000 0	7. 000 0	0. 897 8
2010	622	5. 691 3	3. 000 0	7. 822 4	1. 000 0	7. 000 0	0. 876 2
2011	908	6. 025 3	4. 000 0	7. 900 6	2. 000 0	7. 000 0	0. 888 8
2012	304	8. 345 4	3. 000 0	22. 208 3	1. 000 0	7. 000 0	0. 835 5
ALL	2 943	7. 246 0	4. 000 0	11. 195 3	2. 000 0	9. 000 0	0. 894 7

二、媒体报道、信息传播效应与研发投入

表5-3列示了媒体报道与研发投入（R&DtREV）的回归结果。为了验证高管个人特质等因素对研发活动的影响，Model 1 首先去掉媒体报道（MEDIA）这个市场因素进行回归分析，发现高管个人特质因素，如高管年龄（MGT_AGE）、高管受教育水平（MGT_EDU）、高管任期（MGT_TEN）等不显著，表明高管个人特质因素不能够很好地解释公司的研发活动（R&DtREV），这也解释了为什么以往研究得出了不一样的结论。

(c) Panel C 相关性分析

	R&DtREV	EFF_INV	E_MGT	MEDIA	MGT_AGE	MGT_EDU	MGT_TEN	MGT_STOCK
R&DtREV	1							
EFF_INV	-0.013 3	1						
E_MGT	-0.001 6	-0.006 8	1					
MEDIA	0.083 7	-0.009 0***	0.028 2	1				
MGT_AGE	-0.037 6**	-0.000 4	0.013 3	0.067 6***	1			
MGT_EDU	0.024 3	-0.013 1	0.019 0	0.116 4***	-0.006 1	1		
MGT_TEN	-0.029 4	0.019 9	-0.000 6	0.000 6	0.172 1***	-0.026 5	1	
MGT_STOCK	-0.011 3	0.030 7*	-0.045 2	-0.095 8***	-0.164 7***	-0.172 8***	0.035 9*	1
SIZE	-0.050 3***	0.042 2**	0.114 6***	0.378 5***	0.248 5***	0.232 9***	0.026 8	-0.265 2***
LEV	0.031 5*	0.003 4	0.083 1***	0.112 4***	0.076 2***	0.125 7***	-0.034 8*	-0.360 1***
ROE	-0.274 3***	-0.014 9	0.050 8***	0.070 6***	-0.013 2	0.038 9**	-0.007 0	0.000 2
BM	-0.045 1	0.037 7**	0.062 0***	0.047 8***	0.109 6***	-0.012 2	0.066 7***	0.029 4
INSTITUTION	-0.009 3	-0.002 6	0.020 7	0.140 7***	0.137 3***	0.145 2***	0.048 1***	-0.248 5***
AGE	0.038 8**	-0.096 5***	0.059 5***	0.114 2***	0.124 7***	0.218 0***	-0.018 7	-0.447 7***

续表

	SIZE	LEV	ROE	BM	INSTITUTION	AGE
R&DtREV						
EFF_INV						
E_MGT						
MEDIA						
MGT_AGE						
MGT_EDU						
MGT_TEN						
MGT_STOCK						
SIZE	1					
LEV	0.487 8***	1				
ROE	0.073 9***	−0.097 1***	1			
BM	0.458 6***	0.248 8***	−0.104 4***	1		
INSTITUTION	0.337 1***	0.155 3***	0.146 6***	−0.222 4***	1	
AGE	0.371 8***	0.455 6***	−0.008 6	0.033 8*	0.199 2***	1

注：***，**，* 分别代表在1%、5%、10%的显著性水平上显著。

表 5-3　　　　　　　　　　　媒体报道、信息传播效应与研发投入

Variable	Model 1	Model 2	Model 3
Intercept	2. 555 9	2. 325 9	3. 017 5
	2. 35 **	2. 17 **	2. 61 ***
MEDIA		0. 004 6	0. 004 4
		2. 26 **	2. 21 **
MGT_AGE	− 0. 014 2		− 0. 013 9
	− 1. 38		− 1. 35
MGT_EDU	0. 084 4		0. 084 8
	1. 32		1. 32
MGT_TEN	− 0. 076 8		− 0. 076 2
	− 1. 60		− 1. 59
MGT_STOCK	0. 033 5		0. 023 9
	0. 12		0. 09
SIZE	− 0. 054 7	− 0. 080 4	− 0. 081 4
	− 1. 10	− 1. 51	− 1. 50
LEV	0. 158 2	0. 175 1	0. 180 3
	0. 69	0. 77	0. 78
ROE	− 2. 953 4	− 2. 947 4	− 2. 952 7
	− 15. 55 ***	− 15. 52 ***	− 15. 55 ***
BM	− 0. 602 6	− 0. 563 4	− 0. 551 5
	− 2. 91 ***	− 2. 68 ***	− 2. 61 ***
INSTITUTION	0. 131 5	0. 124 6	0. 143 4
	0. 69	0. 66	0. 75
AGE	0. 007 9	0. 008 2	0. 008 1
	0. 92	1. 02	0. 94
IND	YES	YES	YES
YEAR	YES	YES	YES
NO.	2 943	2 943	2 943
R^2	9. 23%	9. 23%	9. 27%

　　注：***、**、*分别代表在1%、5%、10%的显著性水平上显著。所有模型均控制了行业（IND）及年份（YEAR）虚拟变量。

　　Model 2 去掉高管个人特质因素，考虑媒体报道这一市场因素对 R&D 投入的影响。结果显示，媒体报道（MEDIA）的系数为 0. 004 6，且在 5% 的

显著性水平上显著（t 值为 2.26），支持了假设 5-1，即媒体报道能够降低信息不对称，增加高管的声誉成本，促使高管加大企业的 R&D 投入。

最后，Model 3 即是模型 5-1 的回归结果。媒体报道（MEDIA）的回归系数为 0.004 4，在 5% 的显著性水平上显著（t 值为 2.21），这与假设 5-1 相一致，即在控制了高管个人因素以及公司层面因素后，媒体报道仍能够降低信息不对称，增加高管的声誉成本，促使高管加大企业的 R&D 投入。高管个人特质因素，如高管年龄（MGT_AGE）、高管受教育水平（MGT_EDU）、高管任期（MGT_TEN）等均不显著，表明了高管个人特质因素不能够很好地解释公司的研发活动（R&DtREV），也说明了为什么之前学者从高管个人特质出发，会得出截然不同的研究结论（Kimberly and Evanisko，1981；Dechow and Sloan，1991；Hambrick，Geletkanycz and Fredrickson，1993）。高管持股（MGT_STOCK）的回归结果也不显著，表明高管持股作为一种激励方式，可能会诱使高管采取一些保守的行为，减少研发投入等高风险的活动。盈利能力（ROE）与研发活动负相关，且在 1% 的显著性水平上显著（t 值为 -15.55），这说明，一方面，高管短视行为是存在的，高管因为目前的盈利而忽视了长远的利益；另一方面，由于创新活动的可模仿性，盈利企业的研发可能很快被其他企业模仿，从而失去优势。此外，由于研发活动成本较高、风险较大，原本就存在高风险的企业更不会从事研发活动，这一点从 BM 的回归结果可以看出，其系数为 -0.551 5，且在 1% 的显著性水平上显著（t 值为 -2.61）。

三、媒体报道、信息传播效应与投资效率

表 5-4 列示了媒体报道与投资效率（EFF_INV）的回归结果。为了验证高管个人特质等因素对投资效率的影响，Model 1 去掉媒体报道（MEDIA）这个市场因素进行回归分析，发现高管个人特质因素，如高管年龄（MGT_AGE）、高管受教育水平（MGT_EDU）、高管任期（MGT_

TEN）等不显著，表明高管个人特质因素不能够很好地解释公司的投资效率，这也解释了为什么以往研究会得出不一样的结论。

表5-4　　　　　　　　　媒体报道信息传播效应与投资效率

Variable	Model 1	Model 2	Model 3
Intercept	− 0.021 8	0.023 2	0.028 9
	− 1.11	1.03	1.19
MEDIA		− 0.000 3	− 0.000 3
		− 3.72 ***	− 3.71 ***
MGT_AGE	− 0.000 1		− 0.000 3
	− 0.59		− 1.21
MGT_EDU	− 0.000 8		− 0.000 2
	− 0.59		− 0.16
MGT_TEN	0.000 9		0.001 1
	0.98		1.08
MGT_STOCK	− 0.001 3		− 0.000 6
	− 0.24		− 0.11
SIZE	0.003 6	0.001 8	0.002 0
	3.65 ***	1.61	1.74 *
LEV	0.002 8	0.007 5	0.007 2
	0.62	1.56	1.49
ROE	− 0.004 6	− 0.002 4	− 0.002 5
	− 1.16	− 0.60	− 0.62
BM	− 0.001 4	− 0.003 0	− 0.002 8
	− 0.39	− 0.67	− 0.63
INSTITUTION	− 0.001 0	− 0.002 6	− 0.002 6
	− 0.25	− 0.67	− 0.64
AGE	− 0.001 1	− 0.001 1	− 0.001 0
	− 6.29 ***	− 6.23 ***	− 5.79 ***
IND	YES	YES	YES
YEAR	YES	YES	YES
NO.	2 943	2 943	2 943
R^2	9.19%	9.84%	9.92%

　　注：***、**、*分别代表在1%、5%、10%的显著性水平上显著。所有模型均控制了行业（IND）及年份（YEAR）虚拟变量。

Model 2 去掉高管个人特质因素，考虑媒体报道这一市场因素对投资效率的影响。结果显示，媒体报道（MEDIA）的系数为 – 0.000 3，且在 1% 的显著性水平上显著（t 值为 – 3.72），支持了假设 5-2，即媒体报道能够减少信息不对称，缓解股东和高管之间的代理问题，提升高管的投资效率。

最后，Model 3 即是模型 5-2 的回归结果。媒体报道（MEDIA）的回归系数为 – 0.000 3，在 5% 的显著性水平上显著（t 值为 – 3.71），这与假设 5-2 相一致，即在控制了高管个人因素以及公司层面因素后，媒体报道仍能够降低信息不对称，缓解股东和高管之间的代理问题，提升高管的投资效率。高管个人特质因素，如高管年龄（MGT_AGE）、高管受教育水平（MGT_EDU）、高管任期（MGT_TEN）等均不显著，表明了高管个人特质因素不能够很好地解释公司的研发活动（R&DtREV），也说明了为什么之前学者从高管个人特质出发，会得出截然不同的研究结论（Kimberly and Evanisko，1981；Dechow and Sloan，1991；Hambrick，Geletkanycz and Fredrickson，1993）。高管持股（MGT_STOCK）的回归结果也不显著，表明高管持股作为一种激励方式，可能会诱使高管采取一些保守的行为。公司规模（SIZE）与投资效率正相关，且在 10% 的显著性水平上显著（t 值为 1.74），可能是由于规模大的公司大部分是国有企业，这类企业的投资效率较低所导致。上市年限（AGE）与投资效率负相关，且在 1% 的显著性水平上显著（t 值为 – 5.79），表明上市时间越长，投资经验越丰富，学习效应越强，企业的投资效率也就相对越高。

四、媒体报道、信息传播效应与盈余管理

表 5-5 列示了媒体报道与盈余管理（E_MGT）的回归结果。为了验证高管个人特质等因素对研发活动的影响，Model 1 去掉媒体报道（MEDIA）这个市场因素进行回归分析，发现高管个人特质因素，如高管年龄（MGT_AGE）、高管受教育水平（MGT_EDU）、高管任期（MGT_TEN）等

不显著，表明高管个人特质因素不能够很好地解释公司的投资效率，这也解释了为什么以往研究会得出不一样的结论。

表5-5 媒体报道、信息传播效应与盈余管理

Variable	Model 1	Model 2	Model 3
Intercept	- 1. 064 2	- 1. 266 3	- 1. 112 9
	- 1. 94 *	- 2. 34 **	- 1. 91 *
MEDIA		- 0. 000 5	- 0. 000 5
		- 1. 96 **	- 1. 85 *
MGT_AGE	- 0. 004 1		- 0. 004 2
	- 0. 79		- 0. 80
MGT_EDU	- 0. 022 1		- 0. 022 1
	- 0. 68		- 0. 68
MGT_TEN	0. 015 8		0. 015 7
	0. 65		0. 65
MGT_STOCK	- 0. 101 4		- 0. 100 4
	- 0. 74		- 0. 73
SIZE	0. 064 3	0. 062 3	0. 067 2
	2. 57 **	2. 33 **	2. 45 **
LEV	0. 223 8	0. 236 6	0. 221 5
	1. 93 **	2. 05 **	1. 90 *
ROE	0. 283 8	0. 284 3	0. 283 7
	2. 96 ***	2. 97 ***	2. 96 ***
BM	0. 076 1	0. 072 9	0. 070 7
	0. 73	0. 69	0. 66
INSTITUTION	- 0. 101 8	- 0. 094 9	- 0. 103 1
	- 1. 06	- 1. 00	- 1. 07
AGE	0. 001 3	0. 001 7	0. 001 3
	0. 31	0. 41	0. 30
IND	YES	YES	YES
YEAR	YES	YES	YES
NO.	2 943	2 943	2 943
R^2	12. 31%	12. 31%	12. 32%

注：＊＊＊、＊＊、＊分别代表在1%、5%、10%的显著性水平上显著。所有模型均控制了行业（IND）及年份（YEAR）虚拟变量。

Model 2 去掉高管个人特质因素，考虑媒体报道这一市场因素对盈余管理的影响。结果显示，媒体报道（MEDIA）的系数为 -0.0005，且在 5% 的显著性水平上显著（t 值为 -1.96），支持了假设 5-3，即媒体报道能够减少信息不对称，提高声誉成本和惩罚成本，约束高管的盈余管理行为。

Model 3 即是模型 5-3 的回归结果。媒体报道（MEDIA）的回归系数为 -0.0005，在 10% 的显著性水平上显著（t 值为 -1.85），这与假设 5-3 相一致，即在控制了高管个人因素以及公司层面因素后，媒体报道仍能够减少信息不对称，提高声誉成本和惩罚成本，约束高管的盈余管理行为。高管个人特质因素，如高管年龄（MGT_AGE）、高管受教育水平（MGT_EDU）、高管任期（MGT_TEN）等均不显著，表明了高管个人特质因素不能够很好地解释公司的投资效率（EFF_INV），也说明了为什么之前学者从高管个人特质出发，会得出截然不同的结论（Taylor，1975；Holmstrom，1999；Tadelis，2002；袁春生，吴永明和韩洪灵，2008；Huang，Rose-Green and Lee，2012）。高管持股（MGT_STOCK）的回归结果也不显著，表明高管持股作为一种激励方式，对盈余管理行为并未产生大的影响。公司规模（SIZE）与盈余管理正相关，且在 5% 的显著性水平上显著（t 值为 2.45），可能是由于规模大的公司受媒体关注的程度较高、业绩压力较大所致；抑或是由于大公司可供操控的应计利润更多，为盈余管理提供了机会。这一点从净资产收益（ROE）与盈余管理的显著正相关关系可以看出（t 值为 2.96），表明公司盈利水平越高，盈余管理的机会也就越多，高管为了短期利益进行盈余管理的可能性也就越大。

第五节　进一步分析

一、上期媒体报道与高管财务决策

对于公司高管（尤其是理性的高管）而言，其在做财务决策时都会考虑该决策所能带来的利益与该决策的成本之间的关系。在研究中，越来越多的学者指出，媒体报道在事情发生之前就会对公司高管产生一定的约束作用（罗进辉，2012）。也就是说，上一年的媒体报道会对本年度高管财务决策产生影响，增加其声誉成本（Dyck，Volchkova and Zingales，2008）和惩罚成本（Dyck，Volchkova and Zingales，2008）。

为了验证以上假说，本章采用媒体报道的滞后变量（MEDIA_LAG）作为解释变量，对高管的财务决策，如研发活动、投资活动和盈余管理行为进行分析。结果如表5-6所示。

表5-6 上期媒体报道与高管财务决策

Variable	Model 1	Model 2	Model 3
Intercept	1.105 6	0.013 5	− 0.557 6
	2.34 **	0.46	− 1.35
MEDIA_LAG	0.001 5	− 0.001 2	− 0.039 0
	1.86 *	− 5.76 ***	− 1.71 *
MGT_AGE	− 0.006 2	0.000 0	− 0.002 3
	− 1.55	− 0.17	− 0.67
MGT_EDU	0.030 9	0.003 4	− 0.000 8
	1.18	2.11 **	− 0.54
MGT_TEN	0.019 4	− 0.000 7	0.003 8
	1.07	− 0.62	0.24
MGT_STOCK	− 0.154 4	0.001 1	− 0.135 5
	− 1.14	0.13	− 1.14
SIZE	− 0.026 4	0.001 3	0.044 2
	− 1.21	0.94	2.33 **
LEV	0.004 6	0.016 6	0.250 3
	1.35	2.90 ***	3.09 ***
ROE	− 0.072 3	0.001 0	0.247 1
	− 0.95	0.21	3.73 ***
BM	− 0.104 7	0.003 4	0.084 8
	− 1.27	0.66	1.18
INSTITUTION	− 0.100 4	− 0.002 2	0.057 6
	− 1.34	− 0.48	0.88

Variable	Model 1	Model 2	Model 3
AGE	-0.2194	-0.0003	-0.0075
	-2.36^{**}	-3.13^{***}	-2.48^{***}
IND	YES	YES	YES
YEAR	YES	YES	YES
NO.	1 720	1 720	1 720
R^2	8.15%	7.24%	7.83%

注：$***$、$**$、$*$分别代表在1%、5%、10%的显著性水平上显著。所有模型均控制了行业（IND）及年份（YEAR）虚拟变量。

Model 1 是上期媒体报道（MEDIA_LAG）与研发支出（R&DtREV）的回归分析。其中上期媒体报道的回归系数为 0.001 5，在 10% 的显著性水平上显著（t 值为 1.86），这与假设相一致，即上一年的媒体报道能够对高管的财务决策产生影响，上期媒体报告次数多，则本期研发投入也会相应增加。

Model 2 是上期媒体报道与投资效率（EFF_INV）的回归分析。其中，上期媒体报道的回归系数为 $-0.001\ 2$，在 1% 的显著性水平上显著（t 值为 -5.76），这也与上述假说一致，即上一年的媒体报道能够对本期高管的财务决策产生一定的约束作用，促使高管提高投资效率。

Model 3 是上期媒体报道与盈余管理（E_MGT）的回归分析。其中，上期媒体报道的回归系数为 $-0.039\ 0$，在 10% 显著性水平上显著（t 值为 -1.71），进一步支持了本章的假设，即上一年的媒体报道会增加高管的声誉成本和惩罚成本，对高管起到了事前的约束作用，能够监督高管的行为，减少企业的盈余管理。其他控制变量的结果基本与已有研究保持一致。

二、媒体报道与高管财务决策：信息效应与治理效应

媒体报道究竟起到什么作用？许多学者认为，媒体是一个外部治理机

制（李培功和沈艺峰，2010），扮演着公司治理的角色（Dyck，Volchkova and Zingales，2008；戴亦一，潘越和刘思超，2011）。但是，媒体作为信息传播者，为了自身利益会去追求"轰动效应"（熊艳，李常青和魏志华，2011），这就为其治理角色画上了问号。

本书认为，媒体的主要功能还是减少信息不对称（戴亦一，潘越和刘思超，2011）。媒体关注上市公司重大事件，如并购、CEO 聘任等，利用其自身专业知识和信息挖掘、加工优势，向投资者（特别是中小投资者）提供及时、准确、详尽的信息（Rogers，Skinner and Zechman，2013），降低了投资者获取信息的成本，增强了上市公司高管与投资者之间的信息联系，有效地缓解了公司与投资者之间的信息不对称。

为了验证媒体报道对高管财务决策影响的机制，本章引入公司治理机制（GOV），将样本根据治理机制（GOV）分为四组，选取公司治理水平最低和最高的两组进行直接验证。如果媒体的治理效应真的存在，那么媒体报道在公司治理水平最低组的作用应该更加显著。结果如表5-7所示。

表 5-7　　　　　媒体报道、治理机制与高管财务决策

Variable	Model 1	Model 2	Model 3	Model 4	Model 5	Model 6
Intercept	1.296 1	0.026 1	− 0.809 3	0.294 0	− 0.034 8	− 1.651 7
	3.12***	0.52	− 1.51	1.12	− 0.89	− 0.83
MEDIA	0.001 6	− 0.000 5	− 0.002 3	0.135 7	− 0.000 1	− 0.013 7
	1.07	− 1.26	− 1.22	1.93*	− 0.13	− 0.69
MGT_AGE	− 0.003 7	− 0.000 6	0.003 5	0.002 3	0.000 1	0.002 0
	− 1.05	− 1.43	0.78	0.86	1.41	0.38
MGT_EDU	0.009 8	0.001 6	− 0.049 9	− 0.000 1	0.003 0	− 0.018 8
	0.46	0.62	− 1.81	− 0.01	1.26	− 0.15
MGT_TEN	0.010 8	0.000 6	− 0.004 0	0.002 7	0.001 9	0.061 3
	0.59	0.29	− 0.17	0.23	1.06	0.68
MGT_STOCK	− 0.064 2	0.013 4	0.036 5	− 0.043 6	0.008 4	− 0.195 2
	− 0.62	1.08	0.27	− 0.63	0.81	− 0.37
SIZE	− 0.044 0	0.000 5	0.045 1	− 0.008 2	0.003 6	0.110 1
	− 2.32**	0.21	1.85*	− 1.65*	1.91*	1.16

续表

Variable	Model 1	Model 2	Model 3	Model 4	Model 5	Model 6
LEV	− 0. 234 9	− 0. 001 6	0. 269 5	− 0. 010 7	0. 030 3	0. 668 0
	− 3. 03 ***	− 0. 17	2. 69 ***	− 2. 18 **	3. 48 ***	1. 51
ROE	− 0. 087 2	0. 000 7	0. 085 3	− 0. 007 6	− 0. 008 6	0. 677 7
	− 1. 84 *	0. 13	1. 40	− 0. 18	− 1. 34	2. 08 **
BM	− 0. 038 6	− 0. 002 0	0. 037 9	− 0. 066 5	0. 002 0	− 0. 095 7
	− 0. 51	− 0. 21	0. 38	− 1. 31	0. 26	− 0. 25
INSTITUTION	0. 000 1	− 0. 005 5	0. 193 0	− 0. 035 6	0. 013 8	− 0. 682 7
	0. 08	− 0. 65	2. 13 **	− 0. 76	1. 97 **	− 1. 92 *
AGE	0. 003 6	− 0. 000 5	− 0. 003 9	0. 000 0	− 0. 002 0	0. 020 4
	1. 17	− 1. 29	− 0. 97	0. 01	− 6. 13 ***	1. 23
IND	YES	YES	YES	YES	YES	YES
YEAR	YES	YES	YES	YES	YES	YES
NO.	725	725	725	726	726	726
R^2	12. 97%	9. 44%	11. 87%	13. 64%	14. 90%	13. 10%

注：***、**、* 分别代表在 1%、5%、10% 的显著性水平上显著。所有模型均控制了行业（IND）及年份（YEAR）虚拟变量。

Model 1 至 Model 3 验证公司治理水平低组媒体报道对高管财务决策的影响，其被解释变量分别为研发投入、投资效率以及盈余管理；Model 4 至 Model 6 分析公司治理水平高组媒体报道对高管财务决策的影响，其被解释变量同上。可以看出，在公司治理水平低组的回归中，媒体报道的作用并不明显；反而在公司治理水平高组中，发现媒体报道能够提高上市公司的研发投入（系数为 0. 135 7，t 值为 1. 93），也就是说，媒体报道的治理效应并不存在。媒体报道更主要的是其信息传播功能，通过将所有的信息吸收并重新整合（Becker and Murphy，1993；Dyck，Moss and Zingales，2005），降低了投资者获取信息的成本，增强了上市公司高管与投资者之间的信息联系，有效地缓解了公司与投资者之间的信息不对称。

第六节　稳健性检验

一、媒体报道替代变量

为了验证媒体报道与高管财务决策之间关系的稳健性，本章参照徐莉萍和辛宇（2011）的做法，对媒体报告次数（MEDIA）取对数处理，作为媒体报道的一个替代变量，具体算法如下：

$$MEDIA\_A = Ln(1 + MEDIA) \tag{5-4}$$

结果列示于表 5-8。Model 1 至 Model 3 分别是媒体报道替代变量（MEDIA_A）与研发投入、投资效率和盈余管理的回归结果。从结果可以看出，基本支持假设 5-1、假设 5-2 和假设 5-3，即媒体报道能够降低信息不对称，增加高管的声誉成本，促使高管加大企业的 R&D 投入，缓解股东和高管之间的代理问题，提升高管的投资效率，约束高管的盈余管理行为。

表 5-8　　媒体报道、信息传播效应与高管财务决策：替代变量

Variable	Model 1	Model 2	Model 3
Intercept	3.086 5	0.025 6	−1.012 3
	2.71***	1.07	−1.76*
MEDIA_A	0.072 0	−0.003 6	−0.090 6
	1.71*	−3.83***	−1.67*
MGT_AGE	−0.013 6	−0.000 2	−0.004 1
	−1.31	−1.14	−0.78
MGT_EDU	0.085 5	−0.000 2	−0.022 0
	1.33	−0.14	−0.68
MGT_TEN	−0.075 4	0.001 1	0.015 9
	−1.57	1.11	1.66*
MGT_STOCK	0.012 4	−0.001 1	−0.103 5
	0.05	−0.19	−0.75

续表

Variable	Model 1	Model 2	Model 3
SIZE	0.007 0	0.001 9	0.060 8
	1.31	1.68*	2.22**
LEV	0.158 8	0.005 8	0.223 9
	0.69	1.21	1.93*
ROE	−2.954 9	−0.002 6	0.283 6
	−15.57***	−0.65	2.96***
BM	−0.521 6	−0.002 1	0.084 0
	−2.45**	−0.46	0.78
INSTITUTION	0.145 6	−0.002 6	−0.100 5
	0.76	−0.66	−1.04
AGE	0.008 4	−0.001 0	0.001 4
	0.98	−5.71***	0.32
IND	YES	YES	YES
YEAR	YES	YES	YES
NO.	2 943	2 943	2 943
R^2	9.31%	9.45%	12.32%

注：***、**、*分别代表在1%、5%、10%的显著性水平上显著。Model 1验证媒体报道对高管研发投入的影响，Model 2分析媒体报道对高管投资活动的影响；Model 3是媒体报道与高管盈余管理行为的回归结果。所有模型均控制了行业（IND）及年份（YEAR）虚拟变量。

二、信息不对称分组检验

一般来说，媒体报道会减少信息不对称（戴亦一，潘越和刘思超，2011），并且信息不对称的程度越高，媒体的信息传播效应越明显（Merton，1987；Fang and Peress，2009）。因此，为了验证媒体的信息传播效应，本章根据信息不对称（INF_ASY）将样本分为四组，选取信息不对称程度最低和最高的两组进行直接验证。如果媒体的信息传播效应真的存在，那么媒体报道在信息不对称程度高组的作用应该更加显著。结果如表5-9所示。

表 5-9　媒体报道、信息传播效应与高管财务决策：信息不对称分组检验

Variable	Model 1	Model 2	Model 3	Model 4	Model 5	Model 6
Intercept	0.709 5	− 0.032 7	− 0.624 8	0.910 6	0.096 0	− 0.626 0
	1.43	− 0.64	− 1.45	1.90 *	1.53	− 1.26
MEDIA	− 0.000 5	0.001 9	0.000 3	0.004 2	− 0.368 6	− 0.001 5
	− 0.53	0.19	0.40	2.16 **	− 4.91 ***	− 3.92 ***
MGT_AGE	− 0.008 3	− 0.000 3	− 0.009 3	− 0.005 3	− 0.000 4	0.003 0
	− 1.84 *	− 0.74	− 2.38 **	− 1.85 *	− 1.04	1.00
MGT_EDU	0.006 3	0.001 2	− 0.008 0	0.008 3	− 0.000 4	− 0.019 3
	0.25	0.47	− 0.36	0.40	− 0.15	− 0.90
MGT_TEN	0.0104	0.0014	0.002 4	− 0.002 1	− 0.000 1	− 0.002 6
	0.48	0.61	0.13	− 0.16	− 0.07	− 0.18
MGT_STOCK	− 0.323 7	0.000 9	− 0.032 8	− 0.041 6	− 0.007 7	− 0.045 4
	− 1.56	0.04	− 0.18	− 0.61	− 0.87	− 0.64
SIZE	0.000 3	0.004 3	0.052 6	− 0.021 1	− 0.002 2	0.047 2
	0.01	1.75 *	2.58	− 0.89	− 0.72	1.92 *
LEV	0.045 5	0.002 9	0.118 6	0.000 3	0.006 2	0.046 1
	0.49	0.30	1.46	1.10	0.63	0.59
ROE	− 0.036 9	− 0.000 8	0.049 2	− 0.051 7	− 0.008 5	0.119 2
	− 1.66 *	− 0.14	1.01	− 1.96 **	− 1.21	2.13 **
BM	− 0.107 3	0.000 2	0.045 0	− 0.106 7	0.006 3	− 0.020 4
	− 1.16	1.84 *	0.56	− 1.43	0.64	− 0.26
INSTITUTION	− 0.095 2	− 0.005 7	− 0.143 8	0.057 0	− 0.003 5	− 0.082 1
	− 1.18	− 0.68	− 2.05 **	0.90	− 0.43	− 2.25 **
AGE	− 0.002 7	− 0.000 5	− 0.002 1	0.008 9	− 0.000 4	0.003 1
	− 0.75	− 0.23	− 0.65	2.88 ***	− 0.98	0.96
IND	YES	YES	YES	YES	YES	YES
YEAR	YES	YES	YES	YES	YES	YES
NO.	735	735	735	728	728	728
R^2	11.14%	10.18%	12.95%	19.68%	15.28%	18.91%

　　注：*** 、** 、* 分别代表在1%、5%、10%的显著性水平上显著。所有模型均控制了行业（IND）及年份（YEAR）虚拟变量。

Model 1 至 Model 3 验证信息不对称低组媒体报道对高管财务决策的影响，其被解释变量分别为研发投入、投资效率以及盈余管理；Model 4 至 Model 6 分析信息不对称高组媒体报道对高管财务决策的影响，其被解释变量同上。结果显示，在信息不对称低组的回归中，媒体报道的信息传播作用并不明显。在信息不对称高组中，媒体报道能够提高上市公司的研发投入、提高投资效率以及减少盈余管理行为（t 值分别为 2.16、-4.91 和 -3.92），也就是说，媒体报道的信息传播效应会减少信息不对称，约束高管行为，对其财务决策产生影响。

第七节　本章小结

如今，媒体向大众尤其是个人投资者传播信息的角色越来越重要。媒体通常能够将所有的信息吸收并重新整合（Becker and Murphy，1993；Dyck，Moss and Zingales，2005），帮助解决理性忽视悖论（Downs，1957）这个困境（Dyck，Moss and Zingales，2005），减少信息不对称（戴亦一，潘越和刘思超，2011）。现有研究大部分都集中在事件发生之后媒体报道所能带来的影响，认为媒体具有公司治理效应（Dyck，Volchkova and Zingales，2008；李培功和沈艺峰，2010；戴亦一，潘越和刘思超，2011）。

本章从媒体报道在事情发生之前就会对公司高管产生一定的约束作用（罗进辉，2012）的角度出发，通过对 2005—2012 年 A 股所有上市公司的实证研究发现：媒体关注上市公司重大事件，如并购、CEO 聘任等，利用自身专业知识和信息挖掘、加工优势，向投资者（特别是中小投资者）提供及时、准确、详尽的信息（Rogers，Skinner and Zechman，2013），降低了投资者获取信息的成本，增强了上市公司高管与投资者之间的信息联系，有效地缓解了公司与投资者之间的信息不对称，增加高管的声誉成本（Dyck，Volchkova and Zingales，2008）和惩罚成本（Dyck，Volchkova and

Zingales，2008），从而对其财务决策行为产生影响，能够促使高管增加研发投入、提高投资效率以及减少盈余管理行为。

进一步的研究发现，上一期的媒体报道能够影响本期的高管财务决策行为，进一步证实了媒体报道对高管的事前约束作用。同时，对媒体的治理作用进行了验证，发现媒体并不具备以往研究所述及的治理作用，媒体的信息传播作用才是其主要职能。最后，文章使用媒体报道替代变量以及根据信息不对称程度分组进行稳健性检验，以上结果均保持不变。说明媒体报道的确能够降低信息不对称程度，对高管财务决策行为起到一定的事前约束作用。

第六章

主要研究结论、启示
与未来研究方向

本章将对全书内容进行总结，分为三个部分：首先，对全书研究的主要结论进行归纳与总结；其次，根据本书的研究提出相应的政策建议；最后，针对本书研究过程中遇到的重点、难点问题进行归纳，并提出未来可能的研究方向。

第一节 主要研究结论

总的来说，现有研究对高管财务决策的解释并不完全，且鲜有研究涉及市场层面，如资本市场、产品市场以及媒体市场等。本书主要从资本市场中的分析师跟进、产品市场中的产品市场竞争以及媒体市场中的媒体报道三个角度探讨其对高管财务决策的影响，将高管财务决策影响因素从个人特质因素和公司层面因素拓展到市场层面因素，并对现有因素无法解释的高管财务决策行为（如研发投入、投资以及盈余管理等）提供了新的解释。

本书得出以下几个主要的研究结论：

第一，本书通过搜集2007—2012上市公司分析师的跟进数据，从分析师跟进的视角出发，探讨了分析师跟进对高管财务决策的影响，并从动态的和差异化的角度进一步分析了分析师跟进与高管财务决策行为之间的关系，得出以下主要结论：

首先，分析师跟进确实能对高管财务决策行为产生影响，且分析师跟进的信息假说占主导地位。分析师利用其拥有大量的信息获取渠道和专业的数据分析能力，能够根据公开的财务报告以及非公开的调查资料等提取财务报告的关键信息并挖掘内在信息，对财务报告的信息披露进行有效的补充，从而缓解信息不对称的问题，准确地向投资者传达公司的 R&D 活动信息并帮助投资者理解 R&D 活动的价值，降低信息不对称程度，从而减轻高管的短视行为，加大企业的 R&D 投入、提升企业的投资效率，并对高管财务决策产生一定的监督机制，减少企业的盈余管理行为。

其次，从动态的角度来看，分析师跟进的变化主要通过信息假说对高管财务决策产生影响。分析师跟进数量的增加能够进一步减少信息不对称，加大企业的 R&D 投入，监督高管的行为，减少企业的盈余管理行为。但是，并没有发现分析师跟进数量增加对提升投资效率的有力证据。

最后，从分析师的差异来看，本书并没有发现明星分析师能够更好地识别公司的信息，帮助降低信息不对称程度。

第二，本书通过构建 2007—2012 上市公司产品市场竞争数据，结合经理人市场，从声誉机制的角度出发，分析了在声誉机制的约束下，产品市场竞争对高管财务决策的影响，以及产权性质对两者关系的影响，并对产品市场竞争的治理机制进行了验证，得出以下主要结论：

首先，在声誉机制的约束下，产品市场竞争使得高管为了维护自己在经理人市场上的声誉以及保住自己的工作，会不断地进行创新活动、提高投资效率以及减少盈余管理行为。

其次，产品市场竞争的声誉机制在控制了治理机制因素后仍然存在，说明声誉机制才是产品市场竞争对高管财务决策影响的作用机制，对于产品市场的治理机制值得商榷。

最后，产品市场竞争的声誉机制在国有企业中表现得更为明显，对国有企业的改革提供了一个新的思路。

第三，本书通过搜集 2007—2012 年上市公司的媒体报道数据，针对媒体报道的信息传播效应和治理效应，从媒体报道事前约束的视角出发，探讨了媒体报道对高管财务决策行为的约束作用，得出以下主要结论：

首先，媒体关注上市公司重大事件，利用自身的信息挖掘、加工优势，向投资者（特别是中小投资者）提供及时、准确、详尽的信息，降低投资者获取信息的成本，增强上市公司高管与投资者之间的信息联系，有效地缓解公司与投资者之间的信息不对称，增加高管的声誉成本和惩罚成本，从而对其财务决策行为产生影响，能够促使高管增加研发投入、提高投资效率以及减少盈余管理行为。

其次，上期媒体报道能够促使高管增加本期研发投入、提高本期投资效率以及减少本期盈余管理行为，进一步证实了媒体报道对高管的事前约束作用。

最后，媒体并不具备以往研究所述及的治理作用，媒体的信息传播作用才是其主要职能。

第二节　研究启示及政策建议

本书的主要研究结论，对于资本市场、产品市场、媒体市场以及经理人市场有以下几点启示：

第一，作为资本市场的重要参与者，分析师扮演着重要的角色。分析师拥有大量的信息获取渠道和专业的数据分析能力，能够根据公开的财务报告以及非公开的调查资料等提取财务报告的关键信息并挖掘内在信息以及提供市场上尚未出现的消息等，从而降低上市公司和投资者之间的信息不对称程度，提高公司股价的信息含量以及证券市场效率。因此，分析师市场的有效性在一定程度上决定了资本市场的有效性。完善分析师市场、建立分析师道德标准和诚信档案、提高分析师评比的透明度、建立良性的竞争机制，将有利于资本市场的发展，完善中小投资者保护。

第二，竞争是现代市场的一个主要特征，随着国有企业改革的不断深化，进入壁垒逐渐降低，加上国际化竞争不断进入，中国的工业化取得了飞速发展，各个产业均发生了从垄断向竞争的重大转变。企业间的竞争会给高管带来更强的激励，竞争也有助于降低成本、减少偷懒行为、促进资源的合理分配甚至刺激创新。但是，就目前来看，民营企业的发展遇到了许多瓶颈，中小企业融资约束问题屡见不鲜。因此，完善市场化改革机制，促进优胜劣汰，有助于整体产业的发展。

第三，媒体向大众尤其是个人投资者传播信息的角色越来越重要。媒体通常能够吸收并重新整合所有的信息，利用其自身专业知识和信息挖掘、加工优势，向投资者（特别是中小投资者）提供及时、准确、详尽的信息，降低了投资者获取信息的成本，增强了上市公司高管与投资者之间的信息联系，有效地缓解了公司与投资者之间的信息不对称，帮助解决信息使用者的理性忽视悖论的困境。但是，由于媒体对"轰动效应"的追求，可能会造成信息的不准确以及具有明显的偏向性，对公司和投资者都会造成严重的伤害。因此，完善媒体的信息披露制度，促进媒体报道的健康、合理、有序，有利于稳定资本市场，保护中小投资者。

第四，从声誉机制的视角来看，由于经理人市场上存在竞争以及声誉机制的压力，考虑到自己的职业生涯，高管在经营管理过程中会主动降低道德风险，约束自身行为。我国经理人市场还不够完善，高管声誉约束较弱，惩罚机制也不够明确，建立健全经理人市场，有助于改善上市公司高管的短视行为，促进企业、社会的长远发展。

第三节　研究局限及未来研究方向

一、研究局限

高管财务决策影响因素研究，是一个既简单又复杂的问题，对其市场影响因素的试探性研究，难免存在考虑不周、研究不全的情况，主要有以下几点：

第一，本书提出从资本市场中的分析师跟进、产品市场中的产品市场竞争以及媒体市场中的媒体报道三个角度探讨其对高管财务决策的影响，试图弥补现有研究对高管财务决策的解释不完全且鲜有研究涉及市场层面的现状，但是对于各层面因素之间的相关性并没有过多探讨，也没有回答究竟哪类因素起主要作用。未来研究可以从这一角度入手，找到影响高管财务决策的主要因素。

第二，由于分析师的精力有限，加上出于成本等方面的考虑，分析师不可能对所有公司进行盈余预测并发布分析报告（Lang and Lundholm，1996），因此有必要了解分析师的行为方式（Kuperman，2003）。本书研究并没有涉及分析师选择上市公司跟进的动机。我国资本市场的发展及成熟程度落后于发达国家，分析师跟进的动因可能也会有所区别（Chan and Hameed，2006）。在不同原因和利益的驱动下，分析师的行为会发生变化。未来研究可以从分析师跟进的动因出发，探讨在不同的动因下，分析师跟进对高管财务决策行为的影响是否存在明显区别、分析师的信息效应是否依然存在。

第三，现有产品市场竞争指标的构建基本是基于行业集中度及其衍生模型（Hou and Robinson，2006），缺少从财务学角度的度量指标。实际上，企业的财务数据能够更好地显示企业所在行业的竞争程度以及企业所处的竞争地位。未来研究可以尝试从财务学的角度，构建产品市场竞争指数，更好地反映企业的产品市场竞争程度和竞争地位。

第四，媒体报道方面，本书研究只考虑了媒体报道次数，但是该指标对于改善企业的信息不对称程度的效果有待探究。实际上，媒体报道的深度才是解决企业和投资者之间信息不对称的实质因素。未来研究可以对媒体报道进行细化，分析同一事件的报道深度对高管财务决策的影响。

二、未来研究方向

1. 企业家个人特质对上市公司投资效率影响的研究

传统的研究从财务学、金融学的理论出发，探索企业投资非效率的原因。关于投资效率的理论主要包括基于理性经济人假设的传统理论，如委托代理、融资约束等，以及行为金融理论中的过度自信、从众心理等。

未来可借鉴心理学、社会学及人口学等学科的研究成果，从新的视角——企业家个人特质，包括内部特质（如宗教信仰、价值观、性格、道德观等）和外部特质（如社会阶层、年龄、家庭出身、教育背景、个人财富等）——研究企业投资效率。通过系统地分析企业家的年龄、性别、受教育程度和出生年代等个人特质要素对企业投资效率的影响，探索企业家特质对公司投资效率的影响。一方面，明晰企业家个人特质与公司投资效率之间的关系，丰富和完善企业投资效率的理论；另一方面，为实践提供政策指导，帮助企业进行高效率的投资以提高企业价值，保护股东财富。

2. 企业家个人特质对上市公司资本结构影响的研究

从 1958 年 Modigliani 和 Miller 提出 MM 定理以来，资本结构理论的研究至今已走过半个多世纪。在这半个多世纪的时间里，有关资本结构理论的学术成果可谓十分丰富，各种各样试图解释公司最优资本结构的理论层出不穷，包括权衡理论、融资优序理论、自由现金流假说、市场择机理论，等等。传统的资本结构研究假定存在一个抽象的管理者，其为了股东利益最大化目标进行资本结构决策。但是，迄今这些研究及相关制度的制定都没考虑管理者在面临信息或者理性约束做出反应时，会受到自身社会背景、经历、职业经验、性格特点乃至社会规范等因素的影响。行为一致假说认为，个人在各种情景下表现出的行为应该具有一致性。因此，未来可结合国内外现有文献研究企业家的个人特质，包括内部特质（如宗教信仰、价值观、性别、性格等）和外部特质（如受教育程度、地域、家庭背景、社会阶层等），对上市公司资本结构尤其是债务水平和债务期限结构有何影响。这一研究不仅可弥补现有理论研究的不足，而且能够揭开我国企业资本结构决策的面纱。

3. 企业家个人特质对上市公司股利政策影响的研究

股利分配决策不仅会对公司股东收益产生重要影响，而且会对公司的融资和投资决策以及公司经营业绩产生重要作用，其已经成为学术界和企业界关注的热点问题之一。股利理论主要包括股利无关论、股利相关论、所得税差异理论及代理理论。

传统的股利支付理论研究忽略了企业决策人——企业家的异质性。根据行为一致性理论，企业家的个人特质会影响其决策偏好，并影响公司财务管理决策，企业的财务决策打下了企业家个人特质的烙印。企业家作为公司的主要决策人，其个人特质的不同导致其对风险的偏好、对市场的理解、对信息的处理能力不同，从而导致其做出不同的股利支付决策。未来可通过研究企业家的个人特质，研究其对股利政策的影响。

4. 企业家个人特质对上市公司营运资本政策影响的研究

学术界对于营运资本管理的研究始于 20 世纪 30 年代，起初的研究从营运资本的概念入手，发展至今研究理论体系已相当完备，包括营运资本政策、营运资本需求、营运资本管理效率、营运资本管理效率对企业价值的影响等。

传统的研究多从企业财务政策的角度出发，研究营运资本政策的内容、类型及影响因素等。建议从新的视角，即企业家个人特质方面研究营运资本政策。众多研究发现，企业家的个人特质的不同会导致其不同的决策行为，这些不同的决策行为导致企业选择不同的营运资本政策。

5. 企业家个人特质对上市公司并购决策影响的研究

企业并购一直是学术界和实业界共同的热门话题，在发达的市场经济国家，企业并购已经成为企业重组以及重新配置资本的有效机制，并形成了几大主流理论，如协同效应、代理理论、自大假说、股票市场驱动等。

目前，国内外有关并购的研究主要围绕并购动因和并购绩效两方面展开，研究重点为公司的并购动因以及是否能为企业带来绩效增长。但是，这些分析忽略了企业决策人——企业家的异质性。企业家作为公司的主要决策人，其个人特质的不同导致其对风险的偏好、对市场的理解、对信息的处理能力不同，从而导致其做出不同的并购决策。建议可从新视角，即企业家特质出发，研究企业家的异质性对企业并购决策的影响，一方面可以填补国内外企业家个人特质对企业并购政策影响的研究空白，丰富并购决策理论；另一方面也对预测公司并购行为、改善治理结构以及企业长期健康稳定发展具有重大意义。

6. 企业家个人特质对上市公司盈余管理影响的研究

中国的资本市场发展到现在，已经走过了二十多个年头。随着我国资本市场的不断发展，上市公司的盈余管理行为也变得越来越普遍。对于盈余管理的研究一直是财务和会计领域的热点，学术界已经有了丰硕的成果。结合现有的国内外文献，可将盈余管理的动机大致分为三类：资本市场动机、契约动机和政府监管动机。盈余管理度量方法则主要有应计利润法、特定应计利润法和管理后盈余分布法。

根据 Hambrick and Mason（1984）提出的高层梯队理论，个人的价值观、偏好、理解力以及行为会受个人的传记性特征影响。也有大量的文献显示个人特征会影响一个人的行为。此外，行为一致假说认为，个人在各种情景下表现出的行为应该具有一致性，因此，CEO 的个人特征会影响其价值观、偏好等方面，进而影响其行为决策，包括对上市公司的盈余管理行为。建议可以人口学、心理学等学科为出发点，研究 CEO 个人特征对于其行为决策的影响，从而更深一步地理解和认识不同公司间财务决策和绩效之间的差异，为上市公司盈余管理行为的研究提供有价值的学术支持和理论依据。

7. 货币政策对企业融资约束的影响

货币政策对企业融资约束的影响是显而易见的。当货币政策趋于从紧时，企业的外部融资成本将提高，外部融资规模将受到限制，导致外部融资约束增强。反之，当货币政策趋于宽松时，企业的外部融资成本降低，使得外部融资约束减弱。因此，可从融资成本和融资规模两个方面，采用实证方法研究货币政策对企业融资约束的影响与企业类型、决策者特质、区域差异等因素的关系。

8. 货币政策对企业现金持有行为的影响

现金持有行为是企业的一种重要的融资行为，可从现金持有水平、现金持有水平的变化以及现金—现金流敏感性三个角度考察货币政策对企业现金持有行为的影响，并考察这种影响在不同企业类型、不同决策者特质下是否具有显著差异。

9. 信贷政策对企业投资行为影响研究

政府引导产业结构调整的信贷政策的发布会导致市场对行业的预期发

生改变，这种预期会通过股价变动改变公司的资产负债比率，从而影响公司的投资决策。未来可从宏观信贷政策视角研究其对我国企业投资的冲击和影响，系统地研究信贷政策如何影响企业投资规模和投资机会以及影响因素。具体地，在借鉴前人研究的基础上，研究信贷政策对企业投资行为、投资机会的影响及其机制，进而采用实证研究的方法进行实证检验。

10. 信贷政策对企业投资效率研究

投资效率有多个层次，未来可从两个角度进行评价。一是从企业自身经营情况的改善的角度，研究产业扶持的政策是否会影响企业的经营状况；二是从投资不足和投资过度的角度，研究投资本身是否有效。

参考文献

［1］白重恩，刘俏，陆洲，等．中国上市公司治理结构的实证研究［J］．经济研究，2005（2）：81-91．

［2］蔡卫星，曾诚．公司多元化对证券分析师关注度的影响——基于证券分析师决策行为视角的经验分析［J］．南开管理评论，2010（4）：125-133．

［3］戴亦一，潘越，刘思超．媒体监督，政府干预与公司治理——来自中国上市公司财务重述视角的证据［J］．世界经济，2011（11）：121-144．

［4］宫义飞，郭兰．分析师跟踪、所有权性质与融资约束——基于不同产权主体的研究［J］．经济管理，2012（1）：129-137．

［5］郭葆春，张丹．中小创新型企业高管特征与 R&D 投入行为研究——基于高阶管理理论的分析［J］．证券市场导报，2013（1）：16-22，27．

［6］贺建刚，魏明海，刘峰．利益输送、媒体监督与公司治理：五粮液案例研究［J］．管理世界，2008（10）：14-164．

［7］胡奕明，林文雄．信息关注深度、分析能力与分析质量［J］．金融研究，2005（2）：46-58．

［8］简泽．从国家垄断到竞争：中国工业的生产率增长与转轨特征

[J]. 中国工业经济, 2011 (11): 79-89.

[9] 金碚. 全球竞争新格局与中国产业发展趋势 [J]. 中国工业经济, 2012 (5): 5-17.

[10] 李波, 单漫与. 国有银行治理结构与管理层激励——多项任务委托代理、经理人市场和优先股 [J]. 金融研究, 2009 (10), 57-67.

[11] 李春涛, 宋敏. 中国制造业企业的创新活动: 所有制和 CEO 激励的作用 [J]. 经济研究, 2010 (5): 55-67.

[12] 李培功, 沈艺峰. 媒体的公司治理作用: 中国的经验证据 [J]. 经济研究, 2010 (4): 14-27.

[13] 李心丹, 肖斌卿, 王树华, 等. 中国上市公司投资者关系管理评价指标及其应用研究 [J]. 管理世界, 2006 (9): 117-128.

[14] 刘昶, 修世宇. 分析师利益与投资建议的信息含量 [J]. 统计研究, 2005 (10): 103-108.

[15] 刘峰, 贺建刚, 魏明海. 控制权、业绩与利益输送送——基于五粮液的案例研究 [J]. 管理世界, 2004 (8): 102-110.

[16] 刘凤委, 李琦. 市场竞争, EVA 评价与企业过度投资 [J]. 会计研究, 2013 (2): 54-62.

[17] 刘晔, 肖斌卿. 分析师跟进、管理层持股与公司价值——基于联立方程组模型的实证检验 [J]. 南方经济, 2009 (3): 62-72.

[18] 刘运国, 刘雯. 我国上市公司的高管任期与 R&D 支出 [J]. 管理世界, 2007 (1): 128-136.

[19] 潘敏, 金岩. 信息不对称、股权制度安排与上市企业过度投资 [J]. 金融研究, 2003 (1): 63-54.

[20] 潘越, 戴亦一, 林超群. 信息不透明、分析师关注与个股暴跌风险 [J]. 金融研究, 2011 (9): 138-151.

[21] 权小峰, 吴世农. 媒体关注的治理效应及其治理机制研究 [J]. 财贸经济, 2012 (5): 59-67.

［22］饶育蕾，王颖，王建新. CEO 职业生涯关注与短视投资关系的实证研究［J］. 管理科学，2012（5）：30-40.

［23］宋乐，张然. 上市公司高管证券背景影响分析师预测吗［J］. 金融研究，2010（6）：112-123.

［24］王福胜，吉姗姗，程富. 盈余管理对上市公司未来经营业绩的影响研究——基于应计盈余管理与真实盈余管理比较视角［J］. 南开管理评论，2014，17（2）：95-106.

［25］王锟，李伟. 高管政治背景对其离职—业绩敏感性的影响［J］. 南开管理评论. 2012（6）：104-110.

［26］王宇超，肖斌卿，李心丹. 分析师跟进的决定因素——来自中国证券市场的证据［J］. 南方经济，2012（10）：88-101.

［27］温军，冯根福. 异质机构、企业性质与自主创新［J］. 经济研究，2012（3）：53-64.

［28］吴东辉，薛祖云. 财务分析师盈利预测的投资价值：来自深沪 A 股市场的证据［J］. 会计研究，2005（8）：37-43.

［29］吴林祥. 股份全流通后高管行为变化及监管对策［J］. 证券市场导报，2008（5）：10-15.

［30］伍燕然，潘可，胡松明，等. 行业分析师盈利预测偏差的新解释［J］. 经济研究，2012（4）：149-160.

［31］辛清泉，林斌，王彦超. 政府控制、经理薪酬与资本投资［J］. 经济研究，2007（8）：110-112.

［32］熊艳，李常青，魏志华. 媒体"轰动效应"：传导机制、经济后果与声誉惩戒——基于"霸王事件"的案例研究［J］. 管理世界，2011（10）：125-140.

［33］徐莉萍，辛宇. 媒体治理与中小投资者保护［J］. 南开管理评论，2011（6）：36-47。

［34］徐莉萍，辛宇. 媒体治理与中小投资者保护［J］. 南开管理评

论，2011（6）：36-47.

［35］徐欣，唐清泉. 财务分析师跟踪与企业 R&D 活动——来自中国证券市场的研究［J］. 金融研究，2010（12）：173-189.

［36］徐一民，张志宏. 产品市场竞争、政府控制与投资效率［J］. 软科学，2010，24（12）：23-27.

［37］薛祖云，王冲. 信息竞争抑或信息补充：证券分析师的角色扮演——基于我国证券市场的实证分析［J］. 金融研究，2011（11）：167-182.

［38］伊志宏，姜付秀，秦义虎. 产品市场竞争、公司治理与信息披露质量［J］. 管理世界，2010（1）：133-141.

［39］于忠泊，田高良，齐保垒，等. 媒体关注的公司治理机制——基于盈余管理视角的考察［J］. 管理世界，2011（9）：127-140.

［40］袁春生，吴永明，韩洪灵. 职业经理人会关注他们的市场声誉吗——来自中国资本市场舞弊行为的经验透视［J］. 中国工业经济，2008（7）：151-160.

［41］岳衡，林小驰. 证券分析师 vs 统计模型：证券分析师盈余预测的相对准确性及其决定因素［J］. 会计研究，2008（8）：40-49.

［42］张纯，吕伟. 信息披露、信息中介与企业过度投资［J］. 会计研究，2009（1）：60-65.

［43］张洪辉，王宗军. 产品市场竞争与上市公司过度投资［J］. 金融评论，2010，2（1）：75-84.

［44］张会丽，陆正飞. 现金分布、公司治理与过度投资——基于我国上市公司及其子公司的现金持有状况的考察［J］. 管理世界，2012（3）：141-150.

［45］张娟，黄志忠. 高管报酬、机会主义盈余管理和审计费用——基于盈余管理异质性的视角［J］. 南开管理评论，2014，17（3）：74-83.

［46］张蕊. 我国企业高管侵占型职务犯罪的机理研究［J］. 经济管理，2011（10）：135-139.

［47］张铁铸，王磊，周红．板块差异、上市效应与盈余质量研究——来自创业板和中小板的证据［J］．证券市场导报，2011（11）：40-48.

［48］朱红军，何贤杰，陶林．中国的证券分析师能够提高市场效率吗？——基于股价同步性和股价信息含量的经验证据［J］．金融研究，2007（2）：110-121.

［49］Aboody D, Lev B. Information asymmetry, R&D, and insider gains［J］. The Journal of Finance, 2000, 55（6）：2747-2766.

［50］Adams R B, Ferreira D. Women in the boardroom and their impact on governance and performance［J］. Journal of Financial Economics, 2009, 94（2）：291-309.

［51］Adhikari B. Gender Differences in Corporate Financial Decisions and Performance［P］. SSRN 2011088, 2012.

［52］Aggarwal R A J, Mishra D E V, Wilson C. Are prophets myopic? Analyst recommendations and the implied cost of equity［R］. Unpublished working paper, 2010.

［53］Aghion P, Bloom N, Blundell R, et al. Competition and innovation: an inverted U relationship［J］. The Quarterly Journal of Economics, 2005, 120（2）：701-728.

［54］Aguerrevere, F. Real Options, Product Market Competition, and Asset Returns［J］. The Journal of Finance, 2009, 64（2）：957-983.

［55］Aharony J, LIN C J, Loeb M P. Initial Public Offerings, Accounting Choices, and Earnings Management［J］. Contemporary Accounting Research, 1993, 10（1）：61-81.

［56］Allen F, Qian J, Qian M. Law, finance, and economic growth in China［J］. Journal of Financial Economics, 2005, 77（1）：57-116.

［57］Almazan A, Suarez J. Entrenchment and severance pay in optimal governance structures［J］. The Journal of Finance, 2003, 58（2）：519-548.

[58] Amihud Y. Illiquidity and stock returns: cross-section and time-series effects [J]. Journal of Financial Markets, 2002, 5 (1): 31−56.

[59] Amir E. What value analysts? [D]. University of Cyprus, 1999.

[60] Antia M, Pantzalis C, Park J C. CEO decision horizon and firm performance: An empirical investigation [J]. Journal of Corporate Finance, 2010, 16 (3): 288−301.

[61] Arfken D E, Bellar S L, Helms M M. The ultimate glass ceiling revisited: The presence of women on corporate boards [J]. Journal of Business Ethics, 2004, 50 (2): 177−186.

[62] Ashbaugh-Skaife H, Collins D W, LaFond R. The effects of corporate governance on firms' credit ratings [J]. Journal of Accounting and Economics, 2006, 42 (1): 203−243.

[63] Asker J, Farre-Mensa J, Ljungqvist A. Comparing the investment behavior of public and private firms [R]. National Bureau of Economic Research, 2011.

[64] Asquith P, Mikhail M B, Au A S. Information content of equity analyst reports [J]. Journal of Financial Economics, 2005, 75 (2): 245−282.

[65] Baber W R, Janakiraman S N, Kang S H. Investment opportunities and the structure of executive compensation [J]. Journal of Accounting and Economics, 1996, 21 (3): 297−318.

[66] Bae K H, Stulz R M, Tan H. Do local analysts know more? A cross-country study of the performance of local analysts and foreign analysts [J]. Journal of Financial Economics, 2008, 88 (3): 581−606.

[67] Ball R, Shivakumar L. How much new information is there in earnings? [J]. Journal of Accounting Research, 2008, 46 (5): 975−1016.

[68] Ball R, Shivakumar L. The role of accruals in asymmetrically timely gain and loss recognition [J]. Journal of Accounting Research, 2006, 44

（2）：207-242.

［69］ Bantel K A, Jackson S E. Top management and innovations in banking: Does the composition of the top team make a difference? ［J］. Strategic Management Journal, 1989, 10（S1）：107-124.

［70］ Barber B M, Odean T. All that glitters: The effect of attention and news on the buying behavior of individual and institutional investors ［J］. Review of Financial Studies, 2008, 21（2）：785-818.

［71］ Barber B M, Odean T. Boys will be boys: Gender, overconfidence, and common stock investment ［J］. The Quarterly Journal of Economics, 2001, 116（1）：261-292.

［72］ BarkerIII V L, Mueller G C. CEO characteristics and firm R&D spending ［J］. Management Science, 2002, 48（6）：782-801.

［73］ Barron O E, Byard D, Kim O. Changes in analysts' information around earnings announcements ［J］. The Accounting Review, 2002, 77（4）：821-846.

［74］ Barth M E, Kasznik R, McNichols M F. Analyst coverage and intangible assets ［J］. Journal of Accounting Research, 2001, 39（1）：1-34.

［75］ Beasley M. An Empirical Analysis of the Relation between the Board of Director Composition and Financial Statement Fraud ［J］. Accounting Review, 1996, 71（4）：443-465.

［76］ Beatty R P, Zajac E J. CEO change and firm performance in large corporations: Succession effects and manager effects ［J］. Strategic Management Journal, 1987, 8（4）：305-317.

［77］ Beber A, Fabbri D. Who times the foreign exchange market? Corporate speculation and CEO characteristics ［J］. Journal of Corporate Finance, 2012, 18（5）：1065-1087.

［78］ Becker M H. Sociometric location and innovativeness: Reformulation and extension of the diffusion model [J]. American Sociological Review, 1970: 267-282.

[79] Bengtsson C, Persson M, Willenhag P. Gender and overconfidence [J]. Economics Letters, 2005, 86 (2): 199-203.

[80] Benmelech E, Frydman C. Military CEOs [R]. National Bureau of Economic Research, 2012.

[81] Benmelech E, Garmaise M, Moskowitz T. Do liquidation values affect financial contracts? Evidence from commercial loan contracts and zoning regulation [J]. Quarterly Journal of Economics, 2005, 120 (3): 1121-1154.

[82] Bertrand M, Mullainathan S. Are CEOs rewarded for luck? The ones without principals are [J]. Quarterly Journal of Economics, 2001, 116 (3): 901-932.

[83] Bertrand M, Schoar A. Managing with style: The effect of managers on firm policies [J]. Quarterly Journal of Economics, 2003, 118 (4): 1169-1208.

[84] Bhattacharya S, Ritter J R. Innovation and communication: Signalling with partial disclosure [J]. The Review of Economic Studies, 1983, 50 (2): 331-346.

[85] Bhattacharya U, Galpin N, Ray R, et al. The role of the media in the internet IPO bubble [J]. Journal of Financial and Quantitative Analysis, 2009, 44 (3): 657-682.

[86] Bhushan R. Firm characteristics and analyst following [J]. Journal of Accounting and Economics, 1989, 11 (2): 255-274.

[87] Biddle G C, Hilary G. Accounting quality and firm-level capital investment [J]. The Accounting Review, 2006, 81 (5): 963-982.

[88] Bjerring J H, Lakonishok J, Vermaelen T. Stock prices and financial analysts'recommendations [J]. The Journal of Finance, 1983, 38 (1): 187-

204.

[89] Bolton P, Scharfstein D. A theory of predation based on agency problems in financial contracting [J]. American Economic Review, 1990, 80 (1): 93-106.

[90] Bolton P, Scharfstein D. Optimal debt structure and the number of creditors [J]. Journal of Political Economy, 1996, 104 (1): 1-26.

[91] Bonaparte Y, Kumar A, Page J. Political climate, optimism, and investment decisions [R]. Unpublished working paper. Claremont McKenna College, University of Miami, and University of Texas at Austin, 2010.

[92] Bradley M, Jarrell G A, Kim E. On the existence of an optimal capital structure: Theory and evidence [J]. The Journal of Finance, 1984, 39 (3): 857-878.

[93] Brander J, Lewis T. Oligopoly and Financial Structure: the Limited Liability Effect [J]. American Economics Review, 1986, 76 (5): 956-970.

[94] Brav A, Lehavy R. An Empirical Analysis of Analysts' Target Prices: Short-term Informativeness and Long-term Dynamics [J]. The Journal of Finance, 2003, 58 (5): 1933-1968.

[95] Brennan M J, Jegadeesh N, Swaminathan B. Investment analysis and the adjustment of stock prices to common information [J]. Review of Financial Studies, 1993, 6 (4): 799-824.

[96] Brown G W, Crabb P R, Haushalter D. Are Firms Successful at Selective Hedging? [J]. The Journal of Business, 2006, 79 (6): 2925-2949.

[97] Brown L D, Hagerman R L, Griffin P A, et al. Security analyst superiority relative to univariate time-series models in forecasting quarterly earnings [J]. Journal of Accounting and Economics, 1987, 9 (1): 61-87.

[98] Brown L D, Rozeff M S. The superiority of analyst forecasts as meas-

ures of expectations: Evidence from earnings [J]. The Journal of Finance, 1978, 33 (1): 1-16.

[99] Bushee B J. The influence of institutional Investors on Myopic R&D Investment Behavior [J]. The Accounting Review, 1998, 73 (3), 305-333.

[100] Bushman R M, Piotroski J D, Smith A J. Insider trading restrictions and analysts' incentives to follow firms [J]. The Journal of Finance, 2005, 60 (1): 35-66.

[101] Campbell R H. Letters to the Editor: CEO vs. Nun: It's a Draw [J]. Wall Street Journal, 1996, 8 (12): Section A.

[102] Carhart M M. On Persistence in Mutual Fund Performance [J]. The Journal of Finance, 1997, 52 (1): 57-82.

[103] Carlson M, Dockner E, Fisher A, et al. Leaders, followers, and risk dynamics in industry equilibrium [R]. Working paper, University of British Columbia, 2007.

[104] Carlsson G, Karlsson K. Age, cohorts and the generation of generations [J]. American Sociological Review, 1970: 710-718.

[105] Carter D A, Simkins B J, Simpson W G. Corporate governance, board diversity, and firm value [J]. Financial Review, 2003, 38 (1): 33-53.

[106] Casson M. The economics of the family firm [J]. Scandinavian Economic History Review, 1999, 47 (1): 10-23.

[107] Cazier R A. Measuring R&D curtailment among short-horizon CEOs [J]. Journal of Corporate Finance, 2011, 17 (3): 584-594.

[108] Chalmers K, Godfrey J M. Reputation costs: the impetus for voluntary derivative financial instrument reporting [J]. Accounting, Organizations and Society, 2004, 29 (2): 95-125.

[109] Chang X, Dasgupta S, Hilary G. Analyst coverage and financing

decisions [J]. The Journal of Finance, 2006, 61 (6): 3009−3048.

[110] Chan K, Hameed A. Stock price synchronicity and analyst coverage in emerging markets [J]. Journal of Financial Economics, 2006, 80 (1): 115−147.

[111] Channon D. Leadership and corporate performance in the service industries [J]. Journal of Management Studies, 1979, 16 (2): 185−201.

[112] Chan S H, Martin J D, Kensinger J W. Corporate research and development expenditures and share value [J]. Journal of Financial Economics, 1990, 26 (2): 255−276.

[113] Chan W. External recruitment versus internal promotion [J]. Journal of Labor Economics, 1996, 14 (4): 555−570.

[114] Cheng C, Collins D, Huang H H. Shareholder rights , financial disclosure and the cost of equity capital [J]. Review of Quantitative Finance and Accounting, 2006, l27 (2): 175−204.

[115] Cheng S. R&D expenditures and CEO compensation [J]. The Accounting Review, 2004, 79 (2): 305−328.

[116] Chen K C W, Chen Z, Wei K C. Legal protection of investors, corporate governance, and the cost of equity capital [J]. Journal of Corporate Finance, 2009, 15 (3): 273−289.

[117] Child J. Managerial and organizational factors associated with company performance part I [J]. Journal of Management Studies, 1974, 11 (3): 175−189.

[118] Chopra V K. Why so much error in analysts' earnings forecasts? [J] Financial Analysts Journal, 1998: 35−42.

[119] Chou R K, Shiah-Hou S R. Quality of Corporate Governance, Analyst Coverage, and Analyst Forecast Error: Do analysts serve as external monitors to managers? [R]. EFMA Annual Meeting, Aahrus. 2010.

[120] Chown S M. The Wesley rigidity inventory: A factor-analytic approach [J]. Journal of Abnormal and Social Psychology, 1960 (61): 491-494.

[121] Chyz J A. Personally tax aggressive executives and corporate tax sheltering [J]. Journal of Accounting and Economics, 2013, 56 (2): 311-328.

[122] Clinch G. Employee compensation and firms' research and development activity [J]. Journal of Accounting Research, 1991, 29 (1): 59-78.

[123] Cohen L, A Frazzini, C J Malloy. The Small World of Investing: Board Connections and Mutual Fund Returns [J]. Journal of Political Economy, 2008, 116 (5): 951-979.

[124] Cohen R, Polk C, Vuolteenaho T. The value spread [J]. The Journal of Finance, 2003, 58 (2): 609-641.

[125] Collins O, Moore D G. The organization makers [M]. New York: Appleton Century Crofts, 1970.

[126] Collins R. Functional and conflict theories of educational stratification [J]. American Sociological Review, 1971: 1002-1019.

[127] Collins W A, Hopwood W S. A multivariate analysis of annual earnings forecasts generated from quarterly forecasts of financial analysts and univariate time-series models [J]. Journal of Accounting Research, 1980, 18 (2): 390-406.

[128] Cragg J G, Malkiel B G. The consensus and accuracy of some predictions of the growth of corporate earnings [J]. The Journal of Finance, 1968, 23 (1): 67-84.

[129] Cronqvist H, Makhija A K, Yonker S E. Behavioral consistency in corporate finance: CEO personal and corporate leverage [J]. Journal of financial Economics, 2012, 103 (1): 20-40.

[130] Cull R, Xu L C. Institutions, ownership, and finance: the determinants of profit reinvestment among Chinese firms [J]. Journal of Financial E-

conomics, 2005, 77 (1): 117-146.

[131] Darroughm M N, Stoughton N M. Financial Disclosure Policy in an Entry Game [J]. Journal of Accounting and Economics, 1990, 12 (1): 219-243.

[132] Davies P L, Canes M. Stock prices and the publication of second-hand information [J]. Journal of Business, 1978: 43-56.

[133] DeAnca C. Women on corporate boards of directors in Spanish listed companies [J]. International Research and Practice, 2008: 96-107.

[134] Dearborn D W C, Simon H A. Selective perception: A note on the departmental identifications of executives [J]. Sociometry, 1958.

[135] DeBondt W F M, Thaler R H. Do security analysts overreact? [J]. The American Economic Review, 1990: 52-57.

[136] Dechow P M, Sloan R G. Executive incentives and the horizon problem: An empirical investigation [J]. Journal of Accounting and Economics, 1991, 14 (1): 51-89.

[137] Dechow P M, Sloan R G, Sweeney A P. Detecting earnings management [J]. Accounting Review, 1995: 193-225.

[138] Degeorge F, Ding Y, Jeanjean T, et al. Does Analyst Following Curb Earnings Management: International Evidence [R]. Working paper, NCCR FINRISK, 2005.

[139] Dempsey S J. Predisclosure information search incentives, analyst following, and earnings announcement price response [J]. Accounting Review, 1989: 748-757.

[140] Desai H, Chris E Hogan, Michael S Wilkins. The Reputational Penalty for Aggressive Accounting: Earnings Restatements and Management Turnover [J]. Accounting Review, 2006, 81 (1).

[141] Diamond D W. Reputation acquisition in debt markets [J]. Journal

of Political Economy, 1989, 97 (4): 828.

[142] Dowdell T D, Krishnan J. CAP Forum on Enron: Former Audit Firm Personnel as CFOs: Effect on Earnings Management [J]. Accounting Perspectives, 2004, 3 (1): 117−142.

[143] Downs A. An economic theory of political action in a democracy [J]. Journal of Political Economy, 1957: 135−150.

[144] Dyck A, Moss D, Zingales L. Media versus special interests [R]. National Bureau of Economic Research, 2008.

[145] Dyck A, Volchkova N, Zingales L. The corporate governance role of the media: Evidence from Russia [J]. The Journal of Finance, 2008, 63 (3): 1093−1135.

[146] Dyreng S D, Hanlon M, Maydew E L. The effects of executives on corporate tax avoidance [J]. Accounting Review, 2010, 85 (4): 1163−1189.

[147] Easley D, O'hara M. Information and the cost of capital [J]. The Journal of Finance, 2004, 59 (4): 1553−1583.

[148] Easterwood J C, Nutt S R. Inefficiency in analysts'earnings forecasts: systematic misreaction or systematic optimism? [J]. The Journal of Finance, 1999, 54 (5): 1777−1797.

[149] Edmans A, Gabaix X, Landier A. A multiplicative model of optimal CEO incentives in market equilibrium [J]. Review of Financial Studies, 2009, 22 (12): 4881−4917.

[150] Elliot J A, Philbrick D R, Wiedman C I. Evidence from Archival Data on the Relation Between Security Analysts' Forecast Errors and Prior Forecast Revisions [J]. Contemporary Accounting Research, 1995, 11 (2): 919−938.

[151] Elton E J, Gruber M J, Grossman S. Discrete expectational data and portfolio performance [J]. The Journal of Finance, 1986, 41 (3): 699−

713.

[152] Engelberg J E, Parsons C A. The causal impact of media in financial markets [J]. The Journal of Finance, 2011, 66 (1): 67-97.

[153] Estes R, Hosseini J. The gender gap on Wall Street: An empirical analysis of confidence in investment decision making [J]. The Journal of Psychology, 1988, 122 (6): 577-590.

[154] Faccio M, Masulis R W, McConnell J. Political connections and corporate bailouts [J]. The Journal of Finance, 2006, 61 (6): 2597-2635.

[155] Fama E F. Agency Problems and the Theory of the Firm [J]. Journal of Political Economy, 1980: 288-307.

[156] Fama E F, French K R. Common risk factors in the returns on stocks and bonds [J]. Journal of Financial Economics, 1993, 33 (1): 3-56.

[157] Fama E F, Jensen M C. Separation of ownership and control [J]. Journal of Law and Economics, 1983: 301-325.

[158] Fang L, Peress J. Media Coverage and the Cross-section of Stock Returns [J]. The Journal of Finance, 2009, 64 (5): 2023-2052.

[159] Fan J P H, Wong T J. Corporate ownership structure and the informativeness of accounting earnings in East Asia [J]. Journal of Accounting and Economics, 2002, 33 (3): 401-425.

[160] Fan Q. Earnings management and ownership retention for initial public offering firms: Theory and evidence [J]. The Accounting Review, 2007, 82 (1): 27-64.

[161] Fazzari S, Hubbard R G, Petersen B C. Financing constraints and corporate investment [J]. 1988.

[162] Fich E M, Shivdasani A. Financial fraud, director reputation, and shareholder wealth [J]. Journal of Financial Economics, 2007, 86

(2): 306-336.

[163] Finkelstein S, Hambrick D C. Top-management-team tenure and organizational outcomes: The moderating role of managerial discretion [J]. Administrative Science Quarterly, 1990: 484-503.

[164] Francis J, Philbrick D. Analysts' decisions as products of a multitask environment [J]. Journal of Accounting Research, 1993, 31 (2): 216-230.

[165] Francoeur C, Labelle R, Sinclair-Desgagné B. Gender diversity in corporate governance and top management [J]. Journal of Business Ethics, 2008, 81 (1): 83-95.

[166] Frankel R, Kothari S P, Weber J. Determinants of the informativeness of analyst research [J]. Journal of Accounting and Economics, 2006, 41 (1): 29-54.

[167] Frankel R, Li X. Characteristics of a firm's information environment and the information asymmetry between insiders and outsiders [J]. Journal of Accounting and Economics, 2004, 37 (2): 229-259.

[168] Frank M Z, Goyal V K. Capital structure decisions: Which factors are reliably important? [J]. Financial Management, 2009, 38 (1): 1-37.

[169] Fried D, Givoly D. Financial analysts'forecasts of earnings: A better surrogate for market expectations [J]. Journal of Accounting and Economics, 1982, 4 (2): 85-107.

[170] Fuller J, Jensen M C. Just say no to Wall Street: Putting a stop to the earnings game [J]. Journal of Applied Corporate Finance, 2002, 14 (4): 41-46.

[171] Gabaix X, Landier A. Why has CEO pay increased so much? [J]. The Quarterly Journal of Economics, 2008, 123 (1): 49-100.

[172] Géczy C, Minton B A, Schrand C. Why firms use currency deriva-

tives [J]. The Journal of Finance, 1997, 52 (4): 1323－1354.

[173] Geczy C C, Minton B A, Schrand C M. Taking a view: Corporate speculation, governance, and compensation [J]. The Journal of Finance, 2007, 62 (5): 2405－2443.

[174] Geletkanycz M A, Boyd B K, Finkelstein S. The strategic value of CEO external directorate networks: Implications for CEO compensation [J]. Strategic Management Journal, 2001, 22 (9): 889－898.

[175] Giroud X, Mueller H M. Corporate governance, product market competition, and equity prices [J]. The Journal of Finance, 2011, 66 (2): 563－600.

[176] Giroud X, Mueller H M. Does corporate governance matter in competitive industries? [J] Journal of Financial Economics, 2010, 95 (3): 312－331.

[177] Givoly D, Hayn C, Lehavy R. The quality of analysts' cash flow forecasts [J]. The Accounting Review, 2009, 84 (6): 1877－1911.

[178] Graham J R, Harvey C R, Puri M. Managerial attitudes and corporate actions [J]. Journal of Financial Economics, 2013, 109 (1): 103－121.

[179] Graham J R, Harvey C R, Rajgopal S. The economic implications of corporate financial reporting [J]. Journal of Accounting and Economics, 2005, 40 (1): 3－73.

[180] Graham J R, Harvey C R, Rajgopal S. The economic implications of corporate financial reporting [J]. Journal of Accounting and Economics, 2005, 40 (1): 3－73.

[181] Grossman S J, Hart O D. An analysis of the principal-agent problem [J]. Econometrica: Journal of the Econometric Society, 1983: 7－45.

[182] Grullon G, Michaely R. Corporate Payout Policy and Product Market Competition [J]. Social Science Electronic Publishing, 2007.

[183] Gul F A, Srinidhi B, Ng A C. Does board gender diversity improve the informativeness of stock prices? [J]. Journal of Accounting and Economics, 2011, 51 (3): 314−338.

[184] Gunny K A. The Relation between Earnings Management Using Real Activities Manipulation and Future Performance: Evidence from Meeting Earnings Benchmarks. Contemporary Accounting Research, 2010, 27 (3): 851−888.

[185] Hall, Richard H. Organizations: Structure and Process [M]. NJ: Prentice-Hall, 1977.

[186] Hambrick D C, Geletkanycz M A, Fredrickson J W. Top executive commitment to the status quo: Some tests of its determinants [J]. Strategic Management Journal, 1993, 14 (6): 401−418.

[187] Hambrick, D. C. , Mason, P. A. Upper echelons: The organization as a reflection of its top managers [J]. Academy of Managerial Review, 1984, 9 (2): pp. 193−206.

[188] Harman D. The aging process: Major risk factor for disease and death [J]. Proceedings of the National Academy of Sciences, 1991, 88 (12): 5360−5363.

[189] Harris M, Raviv A. Optimal incentive contracts with imperfect information [J]. Journal of Economic Theory, 1979, 20 (2): 231−259.

[190] Hart O D. The market mechanism as an incentive scheme [J]. The Bell Journal of Economics, 1983, 14 (2): 366−382.

[191] Hart O, Moore J. A theory of debt based on the inalienability of human capital [J]. Quarterly Journal of Economics, 1994, 109 (4): 841−879.

[192] Hart P, Mellors J. Management youth and company growth: A correlation? [J]. Management Decision, 1970, 4 (1): 50−53.

[193] Hayes R H, Abernathy W J. Managing our way to economic decline [J]. Harvard Bus. Rev. (United States), 1980, 58 (4): 67−77.

[194] Healy P M. The Impact of Bonus Schemes on the Selection of Accounting Principles. Journal of Accounting and Economics, 1985, 7 (4): 85−107.

[195] Healy P M, Palepu K G. Information asymmetry, corporate disclosure, and the capital markets: A review of the empirical disclosure literature [J]. Journal of Accounting and Economics, 2001, 31 (1): 405−440.

[196] Heaton J B. Managerial optimism and corporate finance [J]. Financial Management, 2002: 33−45.

[197] He J J, Tian X. The dark side of analyst coverage: The case of innovation [J]. Journal of Financial Economics, 2013.

[198] Henderson A D, Fredrickson J W. Information-processing demands as a determinant of CEO compensation [J]. Academy of Management Journal, 1996, 39 (3): 575−606.

[199] Hölmstrom B. Moral hazard and observability [J]. The Bell Journal of Economics, 1979: 74−91.

[200] Hoberg G, Phillips G. Real and financial industry booms and busts [J]. The Journal of Finance, 2010, 65 (1): 45−86.

[201] Hoel M. The quota story: Five years of change in Norway. In: Vinnicombe S, Singh V, Burke R, et al. (eds.) Women on Corporate Boards of Directors: International Research and Practice, 2008: 79−87. Edward Elgar, Cheltenham.

[202] Holmstrom B. Agency costs and innovation [J]. Journal of Economic Behavior & Organization, 1989, 12 (3): 305−327.

[203] Holmstrom B. Managerial incentive problems: A dynamic perspective [J]. Review of Economic Studies, 1999, 66 (1): 169−182.

［204］ Hong H, Kostovetsky L. Red and blue investing: Values and finance ［J］. Journal of Financial Economics, 2012, 103 (1): 1−19.

［205］ Hong H, Kubik J D. Analyzing the analysts: Career concerns and biased earnings forecasts ［J］. The Journal of Finance, 2003, 58 (1): 313−351.

［206］ Hong H, Kubik J D, Solomon A. Security analysts' career concerns and herding of earnings forecasts ［J］. The Rand Journal of Economics, 2000: 121−144.

［207］ Hong H, Lim T, Stein J C. Bad news travels slowly: Size, analyst coverage, and the profitability of momentum strategies ［J］. The Journal of Finance, 2000, 55 (1): 265−295.

［208］ Hou K, Robinson D T. Industry concentration and average stock returns ［J］. The Journal of Finance, 2006, 61 (4): 1927−1956.

［209］ Hou K W. Industry information diffusion and the lead-lag effect in stock returns ［R］. Working paper, Ohio State University, 2003.

［210］ Huang H W, Rose-Green E, Lee C C. CEO age and financial reporting quality ［J］. Accounting Horizons, 2012, 26 (4): 725−740.

［211］ Huang S. CEO characteristics, corporate decisions and firm value: Evidence from corporate refocusing ［R］. Working Paper, 2010.

［212］ Hutton I, Jiang D, Kumar A. Corporate policies of republican managers ［R］. Working Paper, 2013.

［213］ Ivkovic Z, Jegadeesh N. The timing and value of forecast and recommendation revisions ［J］. Journal of Financial Economics, 2004, 73 (3): 433−463.

［214］ James H S. Owner as manager, extended horizons and the family firm ［J］. International Journal of the Economics of Business, 1999, 6 (1): 41−55.

［215］ Jensen M C, Meckling W H. Theory of the firm: Managerial behavior, agency costs and ownership structure [J]. Journal of Financial Economics, 1976, 3 (4): 305-360.

[216] Jensen M C, Murphy K J. CEO incentives—It's not how much you pay, but how [J]. Harvard Business Review, 1990, 68 (3): 138-153.

[217] Jensen M, Zajac E J. Corporate elites and corporate strategy: How demographic preferences and structural position shape the scope of the firm [J]. Strategic Management Journal, 2004, 25 (6): 507-524.

[218] Jia M, Zhang Z. Agency costs and corporate philanthropic disaster response: The moderating role of women on two-tier boards-evidence from People's Republic of China [J]. The International Journal of Human Resource Management, 2011, 22 (9): 2011-2031.

[219] Jianakoplos N A, Bernasek A. Are women more risk averse? [J]. Economic Inquiry, 1998, 36 (4): 620-630.

[220] Jiang D, Kumar A, Law K. Political Contributions, Conservatism, and Analyst Behavior [R]. Working paper, Florida State University, 2013.

[221] Jones J J. Earnings management during import relief investigations [J]. Journal of Accounting Research, 1991, 29 (2): 193-228.

[222] Jong A, Nguyen T, Dijk M. Strategic Debt: Evidence from Bertrand and Cournot Competition [R]. Working paper, Erasmus University, 2007.

[223] Jost J T, Glaser J, Kruglanski A W, et al. Political conservatism as motivated social cognition [J]. Psychological Bulletin, 2003, 129 (3): 339.

[224] Joy L, Wagner H M, Narayanan S. The Bottom Line: Corporate Performance and Women's Representation on Boards. Available at http://www. catalyst. org. 2007.

[225] Kaplan S N, Zingales L. Do investment-cash flow sensitivities pro-

vide useful measures of financing constraints? [J]. The Quarterly Journal of E-conomics, 1997, 112 (1): 169−215.

[226] Karuna C. Industry product market competition and managerial incentives [J]. Journal of Accounting and Economics, 2007, 43 (2): 275−297.

[227] Kaustia M, Torstila S. Stock market aversion? Political preferences and stock market participation [J]. Journal of Financial Economics, 2011, 100 (1): 98−112.

[228] Kelm K M, Narayanan V K, Pinches G E. Shareholder value creation during R&D innovation and commercialization stages [J]. Academy of Management Journal, 1995, 38 (3): 770−786.

[229] Kimberly J R, Evanisko M J. Organizational innovation: The influence of individual, organizational, and contextual factors on hospital adoption of technological and administrative innovations [J]. Academy of management Journal, 1981, 24 (4): 689−713.

[230] Kimbrough M D. The influences of financial statement recognition and analyst coverage on the market's valuation of R&D capital [J]. Accounting Review, 2007, 82 (5): 1195−1225.

[231] Kim O, Verrecchia R E. Market liquidity and volume around earnings announcements [J]. Journal of Accounting and Economics, 1994, 17 (1): 41−67.

[232] Klibanoff P, Lamont O, Wizman T A. Investor Reaction to Salient News in Closed-End Country Funds [J]. The Journal of Finance, 1998, 53 (2): 673−699.

[233] Knyazeva D. Corporate governance, analyst following, and firm behavior [R]. Working Paper, University of Rochester, 2007.

[234] Kothari S P, Laguerre T E, Leone A J. Capitalization versus expensing: Evidence on the uncertainty of future earnings from capital expenditures ver-

sus R&D outlays [J]. Review of Accounting Studies, 2002, 7 (4): 355-382.

[235] Krishnan G V, Parsons L M. Getting to the bottom line: An exploration of gender and earnings quality [J]. Journal of Business Ethics, 2008, 78 (1-2): 65-76.

[236] Kuperman J C. Using cognitive schema theory in the development of public relations strategy: exploring the case of firms and financial analysts following acquisition announcements [J]. Journal of Public Relations Research, 2003, 15 (2): 117-150.

[237] Lang M H, Lins K V, Miller D P. Concentrated control, analyst following, and valuation: Do analysts matter most when investors are protected least? [J]. Journal of Accounting Research, 2004, 42 (3): 589-623.

[238] Lang M H, Lundholm R J. Corporate disclosure policy and analyst behavior [J]. Accounting Review, 1996: 467-492.

[239] Laverty K J. Economic "short-termism": The debate, the unresolved issues, and the implications for management practice and research [J]. Academy of Management Review, 1996, 21 (3): 825-860.

[240] Lawrence P R, Lorsch J W. Organization and environment [M]. Homewood: Irwin, 1967.

[241] Le Breton-Miller I, Miller D. Why Do Some Family Businesses Out-Compete? Governance, Long-Term Orientations, and Sustainable Capability [J]. Entrepreneurship Theory and Practice, 2006, 30 (6): 731-746.

[242] Lee P M, James E H. She'-e-os: gender effects and investor reactions to the announcements of top executive appointments [J]. Strategic Management Journal, 2007, 28 (3): 227-241.

[243] Lee P M, O'neill H M. Ownership structures and R&D investments of US and Japanese firms: Agency and stewardship perspectives [J]. Academy of Management Journal, 2003, 46 (2): 212-225.

[244] Levi M D, Li K, Zhang F. Mergers and Acquisitions: The Role of Gender [R]. Working Paper. University of British Columbia. 2008.

[245] Lieberson S, O'Connor J F. Leadership and organizational performance: A study of large corporations [J]. American Sociological Review, 1972: 117-130.

[246] Lim T. Rationality and analysts' forecast bias [J]. The Journal of Finance, 2001, 56 (1): 369-385.

[247] Lin C, Lin P, Song F M, et al. Managerial incentives, CEO characteristics and corporate innovation in China's private sector [J]. Journal of Comparative Economics, 2011, 39 (2): 176-190.

[248] Lin H, McNichols M F. Underwriting relationships, analysts' earnings forecasts and investment recommendations [J]. Journal of Accounting and Economics, 1998, 25 (1): 101-127.

[249] Loh R K, Mian G M. Do accurate earnings forecasts facilitate superior investment recommendations? [J]. Journal of Financial Economics, 2006, 80 (2): 455-483.

[250] Lys T, Sohn S. The association between revisions of financial analysts' earnings forecasts and security-price changes [J]. Journal of Accounting and Economics, 1990, 13 (4): 341-363.

[251] MacKay P, Phillips G. How does industry affect firm financial structure? [J] Review of Financial Studies, 2005, 18 (4): 1433-1466.

[252] Malmendier U, Nagel S. Depression Babies: Do Macroeconomic Experiences Affect Risk Taking? [J]. The Quarterly Journal of Economics, 2011, 126 (1): 373-416.

[253] Malmendier U, Tate G. CEO overconfidence and corporate investment [J]. The Journal of Finance, 2005, 60 (6): 2661-2700.

[254] Malmendier U, Tate G. Who makes acquisitions? CEO overconfidence

and the market's reaction [J]. Journal of Financial Economics, 2008, 89 (1): 20－43.

[255] Malmendier U, Tate G, Yan J. Managerial beliefs and corporate financial policies [R]. Working Paper, University of California, Berkeley. 2010.

[256] Malmendier U, Tate G, Yan J. Overconfidence and early-life experiences: The effect of managerial traits on corporate financial policies [J]. The Journal of Finance, 2011, 66 (5): 1687－1733.

[257] Malueg D A, Tsutsui S O. Dynamic R&D competition with learning [J]. The RAND Journal of Economics, 1997: 751－772.

[258] Manso G. Motivating innovation [J]. The Journal of Finance, 2011, 66 (5): 1823－1860.

[259] Marciukaityte D, Park J C. Market competition and earnings management [P]. Drexel University and Auburn University-College of Business, SSRN, 2009.

[260] Markarian G, Santalo J. Product Market Competition, Information and Earnings Management [R]. Instituto de Empresa, Area of Economic Environment, 2010.

[261] Martin A D, Nishikawa T, Williams M A. CEO gender: Effects on valuation and risk [J]. Quarterly Journal of Finance and Accounting, 2009: 23-40.

[262] Matsa D A. Competition and product quality in the supermarket industry [J]. The Quarterly Journal of Economics, 2011, 126 (3): 1539－1591.

[263] Matsunaga S R, Yeung P E. Evidence on the Impact of a CEO's Financial Experience on the Quality of the Firm's Financial Reports and Disclosures [R]. Working Paper. University of Oregon. 2008.

[264] Mehran H. Executive compensation structure, ownership, and firm

performance [J]. Journal of Financial Economics, 1995, 38 (2): 163−184.

[265] Merton R C. A simple model of capital market equilibrium with incomplete information [J]. The Journal of Finance, 1987, 42 (3): 483−510.

[266] Meyer M A, Vickers J. Performance comparisons and dynamic incentives [J]. Journal of Political Economy, 1997, 105 (3): 547−581.

[267] Michaely R, Womack K L. Conflict of interest and the credibility of underwriter analyst recommendations [J]. Review of Financial Studies, 1999, 12 (4): 653−686.

[268] Mikhail M B, Walther B R, Willis R H. Does forecast accuracy matter to security analysts? [J]. The Accounting Review, 1999, 74 (2): 185−200.

[269] Miles R E, Snow C C, Meyer A D, et al. Organizational strategy, structure, and process [J]. Academy of Management Review, 1978, 3 (3): 546−562.

[270] Miller D, Le Breton-Miller I. Managing for the long run: Lessons in Competitive Advantage from Great Family Business [M]. Harvard Business Press, 2005.

[271] Miller G S. The press as a watchdog for accounting fraud [J]. Journal of Accounting Research, 2006, 44 (5): 1001−1033.

[272] Mishel L, Sabadish N. CEO Pay and the Top 1% [J]. Issue brief, 2012, 331.

[273] Mohan N J, Chen C R. Are IPOs priced differently based upon gender? [J]. Journal of Behavioral Finance, 2004, 5 (1): 57−65.

[274] Morck R, Shleifer A, Vishny R W. Do managerial objectives drive bad acquisitions? [J]. The Journal of Finance, 1990, 45 (1): 31−48.

[275] Moskowitz T J, Grinblatt M. Do industries explain momentum?

［J］The Journal of Finance，1999，54（4）：1249－1290.

［276］Murphy K J, Zabojnik J. CEO pay and appointments：A market-based explanation for recent trends ［J］. American Economic Review, 2004：192－196.

［277］Nalebuff B J, Stiglitz J E. Information, competition, and markets ［J］. The American Economic Review, 1983, 73（2）：278－283.

［278］Neill J, Pourciau S, Schaefer T. Accounting method choice and IPO valuation ［J］. Accounting Horizons, 1995（9）：68－80.

［279］Newman P, Sansing R. Disclosure Policies with Multiple Users ［J］. Journal of Accounting Research, 1993, 31（1）：92－112.

［280］Nickell S J. Competition and corporate performance ［J］. Journal of Political Economy, 1996：724－746.

［281］O'Brien P C. Analysts' forecasts as earnings expectations ［J］. Journal of Accounting and Economics, 1988, 10（1）：53－83.

［282］O'Brien P C, Bhushan R. Analyst following and institutional ownership ［J］. Journal of Accounting Research, 1990, 28：55－76.

［283］O'Brien P C, McNichols M F, Hsiou-Weilin. Analyst impartiality and investment banking relationships ［J］. Journal of Accounting Research, 2005, 43（4）：623－650.

［284］Ortiz-Molina H, Phillips G. Asset liquidity and the cost of capital ［R］. Unpublishedworking paper, University of Maryland, 2011.

［285］Peng W Q, Wei K C J. Women executives and corporate investment：Evidence from the S&P 1500 ［R］. Working Paper, 2007.

［286］Peni E, Vähämaa S. Female executives and earnings management ［J］. Managerial Finance, 2010, 36（7）：629－645.

［287］Pfeffer J, Salancik G R. The external control of organization：A resource dependence perspective ［M］. NewYork：Stanford University

Press, 2007.

[288] Pinto B, Belka M, Krajewski S, et al. Transforming state enterprises in Poland: Evidence on adjustment by manufacturing firms [J]. Brookings Papers on Economic Activity, 1993: 213-270.

[289] Porter, M. The Competitive Advantage of Nations [M]. London: Macmillan Press, 1990.

[290] Powell M, Ansic D. Gender differences in risk behaviour in financial decision-making: An experimental analysis [J]. Journal of Economic Psychology, 1997, 18 (6): 605-628.

[291] Prendergast C, Stole L. Impetuous youngsters and jaded old-timers: Acquiring a reputation for learning [J]. Journal of Political Economy, 1996, 104 (6): 1105.

[292] Raith M. Competition, risk and managerial incentives [J]. American Economic Review, 2003, 93: 1425-1436.

[293] Rezaee Z. Causes, consequences, and deterence of financial statement fraud [J]. Critical Perspectives on Accounting, 2005, 16 (3): 277-298.

[294] Richardson S. Over-investment of free cash flow [J]. Review of Accounting Studies, 2006, 11 (2-3): 159-189.

[295] Roberts P W. Product innovation, product-market competition and persistent profitability in the US pharmaceutical industry [J]. Strategic Management Journal, 1999, 20 (7): 655-670.

[296] Roberts S B, Rosenberg I. Nutrition and aging: changes in the regulation of energy metabolism with aging [J]. Physiological Reviews, 2006, 86 (2): 651-667.

[297] Rock S, Sedo S, Willenborg M. Analyst following and count-data econometrics [J]. Journal of Accounting and Economics, 2000, 30 (3): 351-373.

[298] Rogers J L, Skinner D J, Zechman S L C. The role of the media in disseminating insider trading news [R]. Working Paper, University of Chicago, Booth School of Business, 2013.

[299] Roll R. The hubris hypothesis of corporate takeovers [J]. Journal of Business, 1986: 197−216.

[300] Roosenboom P, van der Goot T, Mertens G. Earnings management and initial public offerings: evidence from the Netherlands [J]. The International Journal of Accounting, 2003, 38 (3): 243−266.

[301] Rose C. Does female board representation influence firm performance? The Danish evidence [J]. Corporate Governance: An International Review, 2007, 15 (2): 404−413.

[302] Rose N L, Shepard A. Firm diversification and CEO compensation: Managerial ability or executive entrenchment? [R]. National Bureau of Economic Research, 1994.

[303] Roussanov N, Savor P G. Status, marriage, and managers' attitudes to risk [R]. National Bureau of Economic Research, 2012.

[304] Scharfstein D. Product-market competition and managerial slack [J]. The Rand Journal of Economics, 1988, 19 (1): 147−155.

[305] Schmidt K M. Managerial incentives and product market competition [J]. The Review of Economic Studies, 1997, 64 (2): 191−213.

[306] Schmitz Jr, J A. What determines productivity? Lessons from the dramatic recovery of the US and Canadian iron ore industries following their early 1980s crisis [J]. Journal of Political Economy, 2005, 113 (3): 582−625.

[307] Schoar A, Zuo L. Shaped by booms and busts: How the economy impacts CEO careers and management styles [R]. National Bureau of Economic Research, 2011.

[308] Serfling M A. CEO age, underinvestment, and agency costs [J].

Eller College of Management, University of Arizona, 2012.

[309] Shawver T, Bancroft P, Sennetti J. Can the "Clan Effect" reduce the gender sensitivity to fraud? The case of the IPO environment [J]. Journal of Forensic Accounting, 2006, 7 (1): 185-208.

[310] Shleifer A, Vishny R W. Management entrenchment: The case of manager—specific investments [J]. Journal of Financial Economics, 1989, 25 (1): 123-139.

[311] Shores D. The association between interim information and security returns surrounding earnings announcements [J]. Journal of Accounting Research, 1990, 28 (1): 164-181.

[312] Showalter, D. Oligopoly and Financial Structure: Comment [J]. American Economic Review, 1995, 85 (3): 647-653.

[313] Singh V. Contrasting positions of women directors in Jordan and Tunisia. In: Vinnicombe S, Singh V, Burke R, et al. (eds.) Women on Corporate Boards of Directors: International Research and Practice, 2008: 165-185.

[314] Skinner D J. Options markets and the information content of accounting earnings releases [J]. Journal of Accounting and Economics, 1990, 13 (3): 191-211.

[315] Smith C W, Stulz R M. The determinants of firms' hedging policies [J]. Journal of Financial and Quantitative Analysis, 1985, 20 (04): 391-405.

[316] Smith C W, Watts R L. Incentive and tax effects of executive compensation plans [J]. Australian Journal of Management, 1982, 7 (2): 139-157.

[317] Smith Jr, C W, Watts R L. The investment opportunity set and corporate financing, dividend, and compensation policies [J]. Journal of Financial Economics, 1992, 32 (3): 263-292.

[318] Solow R. Technological change and the aggregate production function

[J]. Review of Economics and Statistics, 1957, 39: 312−320.

[319] Srinidhi B, Gul F A, Tsui J. Female Directors and Earnings Quality [J]. Contemporary Accounting Research, 2011, 28 (5): 1610−1644.

[320] Srivastava A. Do CEOs possess any extraordinary ability? Can those abilities justify large CEO pay? [J]. Asia-Pacific Journal of Accounting & Economics, 2013, 20 (4): 349−384.

[321] Stanwick P A, Stanwick S D. The relationship between corporate social performance, and organizational size, financial performance, and environmental performance: An empirical examination [J]. Journal of Business Ethics, 1998, 17 (2): 195−204.

[322] Stein J C. Takeover threats and managerial myopia [J]. Journal of Political Economy, 1988: 61−80.

[323] Stevens J M, Beyer J M, Trice H M. Assessing personal, role, and organizational predictors of managerial commitment [J]. Academy of Management Journal, 1978, 21 (3): 380−396.

[324] Stickel S E. Reputation and performance among security analysts [J]. The Journal of Finance, 1992, 47 (5): 1811−1836.

[325] Stickel S E. The anatomy of the performance of buy and sell recommendations [J]. Financial Analysts Journal, 1995: 25−39.

[326] Stultz J E. Madam Director [J]. Directors and Boards, 1979, 3 (4): 6−19.

[327] Sturdivant F D, Adler R D. Executive origins: Still a gray flannel world? [J] Harvard Business Review, 1976, 54 (6): 125−132.

[328] Tadelis S. The market for reputations as an incentive mechanism [J]. Journal of Political Economy, 2002, 110 (4): 854−882.

[329] Taylor R N. Age and experience as determinants of managerial information processing and decision making performance [J]. Academy of Manage-

ment Journal, 1975, 18 (1): 74-81.

[330] Teoh S H, Welch I, Wong T J. Earnings management and the long-run market performance of initial public offerings [J]. The Journal of Finance, 1998, 53 (6): 1935-1974.

[331] Terjesen S, Sealy R, Singh V. Women directors on corporate boards: A review and research agenda [J]. Corporate Governance: An International Review, 2009, 17 (3): 320-337.

[332] Terviö M. The difference that CEOs make: An assignment model approach [J]. The American Economic Review, 2008: 642-668.

[333] Tetlock P C. Giving content to investor sentiment: The role of media in the stock market [J]. The Journal of Finance, 2007, 62 (3): 1139-1168.

[334] Tetlock P C, Saar-Tsechansky M, Macskassy S. More than words: Quantifying language to measure firms' fundamentals [J]. The Journal of Finance, 2008, 63 (3): 1437-1467.

[335] Thomas A B. Does leadership make a difference to organizational performance? [J]. Administrative Science Quarterly, 1988, 33 (3): 388-400.

[336] Titman S. The effects of capital structure and a firm's liquidation decision [J]. Journal of Financial Economics, 1984, 13 (1): 137-151.

[337] Titman S, Wessels R. The determinants of capital structure choice [J]. The Journal of Finance, 1988, 43 (1): 1-19.

[338] Tufano P. Who manages risk? An empirical examination of risk management practices in the gold mining industry [J]. The Journal of Finance, 1996, 51 (4): 1097-1137.

[339] Valta P. Competition and the Cost of Debt [J]. Journal of Financial Economics, 2012, 105 (3): 661-682.

[340] Wang J, Coffey B S. Board composition and corporate philanthropy

[J]. Journal of Business Ethics, 1992, 11 (10): 771-778.

[341] Westphal J D, Milton L P. How experience and network ties affect the influence of demographic minorities on corporate boards [J]. Administrative Science Quarterly, 2000, 45 (2): 366-398.

[342] Williams R J. Women on corporate boards of directors and their influence on corporate philanthropy [J]. Journal of Business Ethics, 2003, 42 (1): 1-10.

[343] Wilson G D. A Dynamic Theory of Conservatism. In: Glenn D Wilson (ed.). The Psychology of Conservatism [M]. Academic Press, 1973: 257-265.

[344] Winston C. US industry adjustment to economic deregulation [J]. Journal of EconomicPerspectives, 1998, 12 (3): 89-110.

[345] Womack K L. Do brokerage analysts' recommendations have investment value? [J]. The Journal of Finance, 1996, 51 (1): 137-167.

[346] Xie B, DavidsonIII W N, DaDalt P J. Earnings management and corporate governance: The role of the board and the audit committee [J]. Journal of Corporate Finance, 2003, 9 (3): 295-316.

[347] Xu J. Profitability and capital structure: Evidence from import penetration [J]. Journal of Financial Economics, 2012, 106 (2): 427-446.

[348] Yang M L. The impact of controlling families and family CEOs on earnings management [J]. Family Business Review, 2010, 23 (3): 266-279.

[349] Ye K, Zhang R, Rezaee Z. Does top executive gender diversity affect earnings quality? A large sample analysis of Chinese listed firms [J]. Advances in Accounting, 2010, 26 (1): 47-54.

[350] Yim S. The acquisitiveness of youth: CEO age and acquisition behavior [J]. Journal of Ffinancial Economics, 2013, 108 (1): 250-273.

［351］Yu F F. Analyst coverage and earnings management ［J］. Journal of Financial Economics, 2008, 88 (2): 245−271.

［352］Zahra S A, Pearce J A. Boards of directors and corporate financial performance: A review and integrative model ［J］. Journal of Management, 1989, 15 (2): 291−334.

后 记

  本书是在我博士论文的基础上改写完成的。再次翻开论文，仿佛又回到了美丽的校园。凌云山下，芙蓉湖边，窗外春色满园，屋内读书不觉已春深。

  感谢我的老师，在我最迷茫的时候指点迷津；感谢我的朋友，在我最困难的时候倾囊相助；感谢我的父母，在我最无助的时候无微不至。

  感谢中国市场出版社的编辑，为本书的出版做了大量工作。

  没有航向的船，任何方向的风都是逆风。感谢挫折，青春无你，何以成长。

  愿青春不负，世界温柔相待；愿生活如意，面朝大海，春暖花开；愿出走半生，归来仍是少年。

陈　琛

2017 年 8 月于深圳